青岛市普通国省干线
公路施工标准化指南
计量支付

QINGDAOSHI PUTONG GUOSHENG GANXIAN GONGLU
SHIGONG BIAOZHUNHUA ZHINAN JILIANG ZHIFU

青岛市公路管理局 编

人民交通出版社股份有限公司
China Communications Press Co.,Ltd.

内 容 提 要

本指南系统归纳总结了青岛市在推行公路建设管理标准化过程中的一些经验和做法,包括工地建设、计量支付、平安工地、现场管理和工艺指南五个分册。本书为《计量支付》分册,共分为4个章节:总则、工程量清单编制、工程量清单计价规则、工程计量与支付,书中明确了工程量清单编制要求和具体的计价工程内容及相应的计价规则,对工程计量支付管理工作也提出了具体要求。

本书可供从事公路工程建设的工程技术人员和管理人员参考使用。

图书在版编目(CIP)数据

青岛市普通国省干线公路施工标准化指南. 计量支付/青岛市公路管理局编. — 北京 : 人民交通出版社股份有限公司, 2017.12

ISBN 978-7-114-14403-5

Ⅰ. ①青… Ⅱ. ①青… Ⅲ. ①地方道路—道路施工—标准化管理—青岛—指南 Ⅳ. ①U415.1-62

中国版本图书馆 CIP 数据核字(2017)第 305367 号

书　　名: **青岛市普通国省干线公路施工标准化指南　计量支付**
著 作 者: 青岛市公路管理局
责任编辑: 谢海龙
出版发行: 人民交通出版社股份有限公司
地　　址: (100011)北京市朝阳区安定门外外馆斜街3号
网　　址: http://www.ccpress.com.cn
销售电话: (010)59757973
总 经 销: 人民交通出版社股份有限公司发行部
经　　销: 各地新华书店
印　　刷: 北京鑫正大印刷有限公司
开　　本: 880×1230　1/16
印　　张: 8.75
字　　数: 220千
版　　次: 2017年12月　第1版
印　　次: 2017年12月　第1次印刷
书　　号: ISBN 978-7-114-14403-5
定　　价: 30.00元
(有印刷、装订质量问题的图书,由本公司负责调换)

《青岛市普通国省干线公路施工标准化指南》编审委员会

主 任 委 员：赵子义

副主任委员：崔学军　王祥木

委　　　员：韩千钧　逄锦汀　孔大川　丁玉明　董翠玲
张　耀　李前进　崔明耀　王永敏

本分册编写人员

主　　　编：王永敏

副　主　编：王伟清　杭　莉　仇杰峰

参 编 人 员：王　睿　王　超　马　耀　马宝峰　杨晓刚
李景省　解瑄本　张宪堂　黄绍峰　赵恒博
翟公宁　谭锡国

序

为适应经济社会发展形势，青岛市公路管理局立足公路发展的阶段性特征，提出当前和今后一个时期以转型升级、改革创新为主线，集中力量重点推进“六化”发展，打造青岛公路升级版，从而实现更高水平的公路现代化。其中，“施工标准化”是按照交通运输部要求在青岛市普通国省干线公路建设领域深入实施的一项重要内容，目前已在全市公路基建项目普遍应用，必将对今后的公路建设项目产生积极而深远的影响。

自2012年提出在青岛市推行施工标准化以来，我们始终坚持把统一思想、提高认识作为前提，紧紧围绕提高公路建设管理水平这一目标，通过试点、总结，到逐步推进、提升，再到全面推行，施工标准化由单项工程试点示范推向全覆盖，由工地建设推向工艺工法，由新建工程项目推向养护大中修工程。施工标准化的制度体系逐步完善，项目管理日趋规范，施工工艺方法更加先进精细，施工行为更加文明，在近几年青岛市公路建设规模持续高位的情况下，保证了工程质量稳中有升，安全生产形势总体平稳，使现代工程管理更加深入人心。

理论源于实践，又指导实践。为了建立施工标准化长效机制，更好地规范指导今后公路建设，我们对推行施工标准化的经验和做法进行了总结提炼，组织编写了《青岛市普通国省干线公路施工标准化指南》系列丛书。这套系列丛书凝聚了广大公路工程建设管理人员的心血和智慧，总结了青岛市推行公路施工标准化的经验和做法，涵盖了工地建设标准、施工工艺要点、安全生产管控、建设管理等内容，突出源头管理、工艺工法和全过程控制，内容全面系统、条理清晰、重点突出，简明扼要，图文并茂，可操作性强，具有很强的实用价值和指导意义。

推行施工标准化关键在于落实。希望青岛市公路建设从业单位和从业人员，把《青岛市普通国省干线公路施工标准化指南》深学细研、贯彻落实，更新公路建设管理核心理念，转变公路建设管理方式，让施工标准化成为工作理念、工作流程、工作习惯，促使青岛市公路建设项目品质不断提升，为建设宜居幸福城市提供良好的公路基础条件。

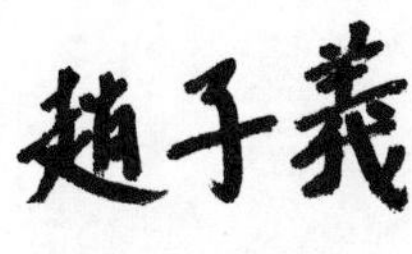

2016年8月

前　言

为落实“施工标准化、养护机械化、管理信息化、服务人本化、路网一体化、农村公路管理规范化”发展规划，青岛市公路管理局按照交通运输部要求深入实施普通国省干线公路建设施工标准化建设，经过三年的试点、总结、推广工作，标准化建设初具成效，基本实现新、改建及养护大、中修项目全覆盖。为进一步推进成果转化、形成长效机制，青岛市公路管理局组织编写了《青岛市普通国省干线公路施工标准化指南》系列丛书。

本套丛书共分五个分册：工地建设、计量支付、平安工地、现场管理、工艺指南。本书为《计量支付》分册，共分为4章：总则、工程量清单编制、工程量清单计价规则、工程计量与支付，书中明确了工程量清单编制要求和具体的计价工程内容及相应的计价规则，对工程计量支付管理工作提出了具体要求。

本书是针对山东省青岛市普通国省干线公路基建项目工程计量支付管理提出的基本要求，各相关单位可根据实际情况进一步细化或强化。受水平所限，书中难免存在不足之处，希望大家在实践中提出好的意见和建议，以臻完善。

编　者

2016年8月

目　　录

1 总则

1.1 目的及原则

1.1.1 目的要求

为加快推行现代工程管理模式,促进工程管理的“七项”建设,努力实现青岛公路“六化”管理,全面提高青岛公路基建项目工程质量、安全及文明施工管理水平,实现“建设管理水平领先、工程施工质量优良、安全保障措施到位、建设成本控制严格、展示良好公路形象”的建设目标,编制本指南。

1.1.2 基本原则

工程计量支付应坚持依法合规、尊重合同、实事求是、资料齐全、限额计量的基本原则。

1.2 编制内容和适用范围

1.2.1 编制内容

工程量清单及计价规则包括第100章总则,第200章路基,第300章路面,第400章桥梁、涵洞,第500章隧道,第600章安全设施及预埋管线,第700章绿化及环境保护。本指南包括普通国省干线公路施工常用的第100章至700章的工程量清单编制要求、工程量计价规则和工程计量支付管理规定。

1.2.2 适用范围

适用于执行国家基本建设程序的市局新建、改扩建基建项目和参照国家基本建设程序执行的市局普通国省干线大中修养护工程项目,其招标文件、招标控制价、投标报价、工程结算的编制工作应按本指南执行。

1.3 编制依据

《中华人民共和国标准施工招标文件》(2007年版)。

《公路工程标准施工招标文件》(交公路发〔2009〕221号)。

《公路工程设计变更管理办法》(交通部令 2005 年第 5 号)。

《公路工程工程量清单计量规则》(交通部公路工程定额站、湖南省交通厅编制)。

《公路工程施工监理规范》(JTG G10—2016)。

《公路工程预算定额》(JTG/T B06-02—2007)。

《公路工程基本建设项目概算预算编制办法》(JTG/T B06—2007)。

《青岛市公路工程设计变更管理办法》。

《青岛市交通运输委员会关于调整基本建设项目计量支付程序的通知》(青交建〔2014〕17 号)。

《公路工程国内招标文件范本》(2007 年版)。

国家及各级交通运输主管部门发布的与工程造价相关的其他文件、标准、规范和指南等。

1.4　名词解释

(1)工程计量支付指自项目开工到通过竣工验收为止,期间所发生的全部工程资金计算、申请、确认、支付及管理工作。

(2)工程计量指施工、监理单位对预付款、已完成工作量、已中间交工的工程量,按照合同约定的计量规则进行计算,并按程序进行逐级审核确认的工作。

(3)工程支付指市交通运输委支付已经市局审核确认的工程计量款。

(4)工程量清单指工程各章节分部分项工程子目号、子目名称、计量单位和相应数量的明细清单,以及与之配套的结构形式、格式、内容和相关说明等。

(5)已标价工程量清单指投标文件已标明价格、经算术性错误修正(如有)、平衡性报价修正(如有)且承包人已确认的工程量清单。

(6)工程材料清单特指已标价的工程材料清单。

(7)子目编号指采用阿拉伯数字并结合英文字母表示,由章节、二级子目和三级子目构成。第一级是根据子目所在章节确定的统一编号;第二级是根据子目确定的顺序编号,由非零数字由小到大依次构成;第三级是根据子目确定的顺序编号,由英文字母依次构成或由某同一英文字母结合非零数字由小到大依次构成。

(8)子目名称指根据工程实际和工作界面划分,与子目编号唯一对应的分部分项工程名称。

(9)单价指完成工程量清单子目一个计量单位所需的劳务、材料、机械、质检(自检)、安装、缺陷修复、管理(50%的施工标准化与安全措施费及临时设施费除外)、保险(工程一切险和第三方责任险除外)、税费、利润等费用,以及合同明示或暗示的所有责任、义务和一般风险。

(10)暂估价指在工程量清单中给定的用于支付必然发生但暂时不能确定价格的材料、设备以及专业工程的金额。

(11)固定金额指招标人对某一子目以固定金额形式在工程量清单中列出,投标人在投标报价时不得变动。

(12)不可预见费指用于工程招标时尚未确定或者不可预见的所需材料、设备、服务的采购,施工中可能发生的工程变更、合同约定调整因素出现时的工程价款调整以及发生的索赔、现场签证确认等的费用。

(13)工程量偏差指施工单位按照合同工程的施工图纸(含已批复设计变更图纸)实施、根据相关规范规定的工程量计算规则计算得到的完成合同工程项目应予计量的工程量与相应的招标工程量清单项目列出的工程量之间出现的量差。应予计量的工程量经审核确认后可用于工程项目计量支付的上限控制。

(14)0号变更指施工图纸设计文件符合性会审形成的工程数量的变更,是施工图纸设计文件自身错误或招标工程量清单计算偏差造成的实际应予计量工程数量与招标工程量清单之间数量差的变更。该部分量差即为工程量偏差。

(15)清单分解指将已报价合同清单每个子目数量按照分项工程工作内容进行拆分,即将施工图纸中的所有设计内容逐一列计到相对应合同清单子目中。其中已报价合同清单数量应根据已批复0号变更进行调整。

(16)作业单元是根据批复的施工组织设计划分的在某一时间段内完成的分项工程内容。一个分项工程可以划分为一个或多个作业单元。

(17)计量单元是预先设定的分项工程计量支付的基础性单元,是完成某一作业单元应做工程内容的合同清单子目工程量。一个作业单元对应一个计量单元。

(18)土建工程指路基、路面、桥涵和隧道等工程的土建部分。

(19)房建工程指公路沿线,包括服务区、收费站、管养工区和其他公路附属用房等。

(20)机电工程指收费、监控、通信、消防、照明、供配电等系统工程。

(21)绿化工程指路基边坡路肩、中央分隔带、互通区、服务区、管养工区、收费站、停车场等公路用地范围内绿化种植区绿化。

(22)设计变更是指自公路工程初步设计批准之日起至正式交付使用之日止,对已批准的初步设计、技术设计或者施工图纸设计文件所进行的修改、完善等活动。

(23)施工图纸专指已批复施工图设计文件,批复设计变更后应为施工图纸的一部分。

(24)市交通运输委专指青岛市交通运输委员会,市局专指青岛市公路管理局,分局专指青岛市公路管理局下属各公路管理分局、管理处。

(25)项目现场管理机构指项目法人派驻施工现场的管理机构,具体负责工程项目建设管理工作。

1.5 总体要求

(1)工程量清单为招标文件的组成部分,是编制招投标控制价和投标报价的依据,原则上由工程项目设计单位依据本指南相关规定编制,招标代理、项目法人(发包人)或其委托的咨询机构依据已批复施工图纸设计文件认真复核,确保工程量清单编制的准确性。

(2)中标施工单位已标价工程量清单是施工合同的基础组成部分,是工程计量支付、结算的基本依据。对推荐中标人,在签订合同前如发现其所报某些工程子目报价明显低于或高于市场价格、严重不平衡时,招标人应在投标总报价不变的前提下对该部分工程子目单价进行适当调整,使之趋于平衡,单价调整后由投标人签字确认。

(3)工程计量支付是工程质量管理、工程造价控制的重要工作。项目现场管理机构、监理单位(监理人)、施工单位(承包人)均应设置专职计量支付人员,并为其配备相关硬件设备和应用软件。计量支付是一项连续性很强的工作,各项目原则上不得随意更换计量支付人员。同时,相关工作人员应该加强业务学习、注重廉洁自律,确保工程计量支付工作准确、及时。

(4)青岛公路基建项目工程计量工作实行网上审核上报,各参建单位要及时办理青岛公路基建项目管理系统注册,计量支付人员应熟练掌握系统应用,提高工作效率。

(5)本指南如与国家、部、省、市相关规定相抵触时,从其规定;招标文件另有规定的,执行招标文件规定。

2 工程量清单编制

2.1 通则

(1)投标人应按招标文件中的固定格式填写工程量清单,不得随意调整。

(2)工程量清单应根据本指南规定的统一子目编号、子目名称、计量单位和工程量计算规则进行编制,需要增加子目时,应在招标文件中作出具体规定,并在不违背本指南规定的前提下,按清单子目编号规则补充清单子目,列入工程量清单中,同时补充相应的计价规则和技术规范。

(3)工程量清单由封面、工程量清单说明、投标报价说明、工程量清单、暂估价表、工程量清单汇总表、工程量清单单价分析表组成。

2.2 工程量清单说明

(1)本工程量清单根据招标文件中包括的、有合同约束力的图纸以及有关工程量清单的国家标准、行业标准、《青岛公路基建项目标准化建设工程量清单计价规则》编制。计量采用中华人民共和国法定计量单位。

(2)本工程量清单应与招标文件中的投标人须知、通用合同条款、专用合同条款、技术规范及图纸等一起阅读和理解。

(3)本工程量清单中所列工程数量是估算或设计的预计数量,仅作为投标报价的共同基础,不能作为最终结算与支付的依据。实际支付应按实际完成的工程量,由施工单位(承包人)按技术规范规定的计量方法,以监理单位(监理人)认可的尺寸、断面计量,按本工程量清单的单价和总额价计算支付金额;或者,根据具体情况,按《公路工程国内招标文件范本》(2007 年版)合同条款第 15.4 款的规定,由监理单位(监理人)确定的单价或总额价计算支付金额。

(4)工程量清单各章是按《公路工程国内招标文件范本》(2007 年版)第七章"技术规范"的相应章次编号的,因此,工程量清单中各章的工程子目的范围与计量等应与"技术规范"相应章节的范围、计量与支付条款结合起来理解或解释。

(5)对作业和材料的一般说明或规定,未重复写入工程量清单内,在给工程量清单各子目标价前,应参阅《公路工程国内招标文件范本》(2007 年版)第七章"技术规范"的有关内容。

(6)工程量清单中所列工程量的变动,丝毫不会降低或影响合同条款的效力,也不免除施工单位(承包人)按规定的标准进行施工和修复缺陷的责任。

(7)图纸中所列的工程数量表及数量汇总表仅是提供资料,不是工程量清单的外延。当图纸与工程量清单所列数量不一致时,以工程量清单所列数量作为报价的依据。

(8)工程量清单中的工程数量精度要求如下:

①以“吨”为单位,保留小数点后三位数字,第四位四舍五入。

②以“立方米”“平方米”“米”为单位,保留小数点后两位数字,第三位四舍五入,土石方体积以立方米为单位取整数。

③以“千克”“个”“项”“台”“套”“棵”“块”“处”等为单位,取整数。

2.3　投标报价说明

(1)工程量清单中的每一子目须填入单价或价格,且只允许有一个报价。

(2)除非合同另有规定,工程量清单中有标价的单价和总额价均已包括了为实施和完成合同工程所需的劳务、材料、机械、质检(自检)、安装、调试、缺陷修复、管理、保险(工程一切险和第三方责任险除外)、税费、利润等费用,以及合同明示或暗示的所有责任、义务和一般风险。

(3)工程量清单中本合同工程列有数量的每一个子目,都需填入单价;对于没有填入单价或总额价的子目,其费用应视为已包括在工程量清单的其他单价或总额价中,施工单位(承包人)必须按监理工程师指令完成工程量清单中未填入单价或总额价的工程子目,但不能得到结算与支付。

(4)除工程量清单漏项或设计变更引起新的工程量清单子目外,符合合同条款、计价规范、技术规范规定的全部费用应认为已被计入有标价的工程量清单所列各子目之中,未列子目不予计量的工作,其费用应视为已分摊在本合同工程的有关子目的单价或总额价之中。

(5)工程量清单各章是按计价规范、技术规范相应章次编号的,因此,工程量清单中各章的工程子目的范围与计量等应与计价规范、技术规范相应章节的范围、计量与支付条款结合起来理解或解释。

(6)对作业和材料的一般说明或规定,未重复写入工程量清单内,在给工程量清单各子目标价前,应参阅招标文件中计价规范、技术规范的有关部分。

(7)对于符合要求的投标文件,在签订合同协议书前,如发现工程量清单子目报价严重不平衡时,应按投标人须知规定予以处理。

(8)工程量清单中所列工程量的变动,不应降低或影响合同条款的效力,也不免除施工单位(承包人)按规定的标准进行施工和修复缺陷的责任。

(9)施工单位(承包人)用于本项目的各类装备的提供、运输、维护、拆卸、拼装等支付的费用,已包含在工程量清单的单价与总额价之中。

(10)工程一切险的投保金额为工程量清单中第100章至第900章合价加(材料名称)材料费____元之和扣除专项暂估金额____元后的合计金额,保险费率为__‰;除工程一切险以外,含最低投保金额为____万元的第三方责任险等其他保险费均由承包人承担并支付,不在报价中单列。

(11)安全生产费按招标控制价(不含安全生产费及建筑工程一切险保险费)的1%,以固定金额形式计入工程量清单中。发包人发布招标控制价时,将会同时发布安全生产费的金额。

(12)竣工文件、临时占地、临时供电设施费用按工程量清单中固定金额填报,工程管理软件、网络通信设施投标人自行报价。

(13)施工环保费已包含在相关子目中,不再单独计量支付(如有特殊要求,可进行修改)。

(14)标准化工地建设费为第200章至第900章各子目"临时设施费"取费的总和,在子目报价中不再计取。为本项目实施而设置的临时性工作便道、便桥(在施工图纸中单独设计的除外)的相关费用已包含在本子目中,不再单独计量支付。

(15)标准化施工措施费按照第200章至第900章各子目"标准化施工与安全措施费"50%的总和计入,在子目报价中仅计取规定费率的50%。

(16)保通费指按图纸中施工调流、安全疏导专项设计计取的相关费用以及工程验收前交通维护、管制的相关费用,按工程量清单中固定金额填报。发包人发布招标控制价时,将会同时发布保通费各子目的费用金额。

(17)本项目(材料名称)由业主进行统一招标采购和供应(甲供),第200章至第900章清单报价中应扣减(且仅扣减)(材料名称)材料费。本项目所用(材料名称)数量为________、单价暂定为______(落地价),总计扣减(材料名称)金额______元。

(18)专项暂估金额的数量及拟用子目说明:____________。

(19)除合同另有规定外,不可预见费应由监理单位(监理人)按相应合同条款的规定,结合工程具体情况,报发包人批准后指令全部、部分地使用或不予动用。本项目不可预见费为工程量清单中第100章至第900章合价加(材料名称)材料费______元之和扣除专项暂估金额______元后的合计金额的____%。

(20)采用固定金额的子目,其费用包干使用、不再调整。

(21)工程量清单中各项金额均以人民币(元)结算,单价保留小数点后两位、合价四舍五入后取整,有特殊规定的从其规定。

2.4 工程量清单

(1)第100章总则工程量清单的子目号、子目名称及计量单位设置,应按表2.4-1规定执行。

第 100 章　总则　　表 2.4-1

清单　第 100 章　总则					
子目号	子 目 名 称	单位	数量	单价	合价
101-1	保险费				
-a	按合同条款规定,提供建筑工程一切险	总额	1		
102-1	竣工文件	总额	1		
102-2	施工环保费	总额	1		
102-3	安全生产费	总额	1		
102-4	工程管理软件	总额	1		
103-1	保通费(临时工程与设施)				
-a	临时便道	总额	1		
-b	临时便桥	总额	1		
-c	临时交通安全设施	总额	1		
-d	施工期临时运行费	总额	1		
103-2	临时占地	总额	1		
103-3	临时供电设施	总额	1		
103-4	网络通信设施	总额	1		
104-1	标准化工地建设(承包人驻地建设)	总额	1		
104-2	标准化施工措施费	总额	1		
清单　第 100 章　合计　人民币＿＿＿＿＿＿＿＿＿＿					

(2)第 200 章路基工程量清单的子目号、子目名称及计量单位设置,应按表 2.4-2 规定执行。

第 200 章　路基　　表 2.4-2

清单　第 200 章　路基					
子目号	子 目 名 称	计量单位	工程数量	单价	合价
202-1	清理与凿除				
-a	清理现场	m^2			
-b	砍伐树木	棵			
-c	挖除树根	棵			
202-2	挖除旧路面				
-a	挖除水泥混凝土面层	m^3			
-b	挖除沥青混凝土面层	m^3			
-c	挖除碎石路面	m^3			
-d	挖除稳定类基层	m^3			
-e	铣刨沥青混凝土面层	m^3			
-f	铣刨稳定类基层	m^3			

续上表

清单 第200章 路基					
子目号	子 目 名 称	计量单位	工程数量	单价	合价
202-3	拆除结构物				
-a	钢筋混凝土结构	m^3			
-b	混凝土结构	m^3			
-c	砖、石及其他砌体结构	m^3			
202-4	拆除附属设施				
-a1	单柱式标志	个			
-a2	多柱式标志	个			
-a3	悬臂式标志	个			
-a4	门架式标志	个			
-b	隔离栅	m			
-c1	波形护栏	m			
-c2	钢护栏(桥梁)	m			
-d	桥上防落网	m			
-e	路缘石	块			
-f	……等其他设施				
203-1	路基挖方				
-a	挖土方	m^3			
-b	挖石方	m^3			
-c	挖除非适用材料(不含淤泥、垃圾)	m^3			
-d	挖除淤泥	m^3			
-e	挖除垃圾	m^3			
-f	台阶搭接整修	m^2			
203-2	改河、改渠、改路挖方				
-a	挖土方	m^3			
-b	挖石方	m^3			
-c	挖除非适用材料(不含淤泥、垃圾)	m^3			
-d	挖除淤泥	m^3			
-e	挖除垃圾	m^3			
204-1	路基填筑(包括填前压实)				
-a	换填土(低填浅挖路段)	m^3			
-b	利用方	m^3			
-c	借方	m^3			
-d1	结构物台背回填(回填透水性材料)	m^3			
-d2	结构物台背回填(回填水泥稳定料)	m^3			
-e	锥坡及台前溜坡填土	m^3			
-f1	冲击碾压(15遍)	m^2			

续上表

清单　第200章　路基					
子目号	子 目 名 称	计量单位	工程数量	单价	合价
-f2	冲击碾压(20遍)	m^2			
-g1	路床处理(石灰土)	m^3			
-g2	路床处理(水泥土)	m^3			
204-2	改路、改河、改渠填筑				
-a	利用方	m^3			
-b	借方	m^3			
204-3	沉降及变位监测设施				
-a	沉降监测设施	套			
-b	位移监测设施	套			
205-1	软土地基处理				
-a	抛石挤淤	m^3			
-b1	碎石垫层	m^3			
-b2	砂垫层	m^3			
-b3	砂砾垫层	m^3			
-c	灰土垫层	m^3			
-d	预压与超载预压	m^2			
-e	真空预压	m^2			
-f	真空堆载联合预压	m^2			
-g	袋装砂井	m			
-h	塑料排水板	m			
-i	碎石桩	m			
-j	砂桩	m			
-k	浆喷桩(水泥搅拌桩)	m			
-l	CFG桩	m			
-m	高压旋喷桩	m			
-n	预应力管桩	m			
-o	强夯	m^2			
-p	强夯置换	m^3			
-q	沉降补方	m^2			
-r	土工格栅	m^2			
-s	土工织物	m^2			
205-4	膨胀土处理	m^3			
205-6	盐渍土处理	m^3			
207-1	边沟(碟形及梯形等)				
-a	M…浆砌片石边沟	m			
-b	M…浆砌混凝土预制块边沟	m			

续上表

清单　第200章　路基					
子目号	子 目 名 称	计量单位	工程数量	单价	合价
-c	C…现浇混凝土边沟	m			
207-2	排水沟(矩形)				
-a	M…浆砌片石排水沟	m			
-b	M…浆砌混凝土预制块排水沟	m			
-c	C…现浇混凝土排水沟	m			
-d	C…矩形盖板	m			
207-3	截水沟				
-a	M…浆砌片石截水沟	m			
-b	C…混凝土截水沟	m			
207-4	急流槽(含蒸发池、跌水)				
-a	M…浆砌片石急流槽	m			
-b	C…混凝土急流槽	m			
207-5	路基盲(渗)沟				
-a	…mm×…mm 带管材盲(渗)沟	m			
-b	…mm×…mm 无管材盲(渗)沟	m			
207-6	涵洞上下游改沟、改渠铺砌	m^3			
207-7	混凝土坡面排水结构物	m^3			
208-1	植被护坡				
-a	种草	m^2			
-b	三维植被网护坡	m^2			
-c	客土喷播	m^2			
-d	土工格室植草灌	m^2			
-e	植生袋植草灌	m^2			
208-2	干砌片石	m^3			
208-3	浆砌片石护坡				
-a	M…骨架护坡(拱形、菱形)	m^3			
-b	M…满砌护坡	m^3			
208-4	混凝土护坡				
-a	C…预制混凝土护坡	m^3			
-b	C…预制空心砖护坡	m^3			
-c	C…预制六棱砖护坡	m^3			
-d	C…现浇骨(构)架护坡	m^3			
208-5	护面墙				
-a	M…浆砌片石护面墙	m^3			
-b	M…浆砌块石护面墙	m^3			
-c	C…混凝土护面墙	m^3			

续上表

清单　第200章　路基					
子目号	子 目 名 称	计量单位	工程数量	单价	合价
209-1	砌体挡土墙				
-a	M…浆砌片石挡土墙	m^3			
-b	M…浆砌块石挡土墙	m^3			
-c	M…浆砌料石挡土墙	m^3			
-d	砂砾垫层	m^3			
209-3	混凝土挡土墙				
-a	C…现浇混凝土	m^3			
-b	C…现浇片石混凝土	m^3			
-c	钢筋	kg			
-d	砂砾垫层	m^3			
211-1	加筋土挡土墙				
-a	C…片石混凝土基础	m^3			
-b	C…混凝土基础	m^3			
-c	C…混凝土墙面板	m^3			
-d	C…钢筋混凝土带	m^3			
-e	土工带	m^2			
212-3	坡面防护				
-a	厚…mm 喷射混凝土	m^2			
-b	厚…mm 喷射水泥砂浆	m^2			
213-1	预应力锚索	m			
213-2	预应力锚杆	m			
213-3	混凝土锚固板	m^3			
213-4	主动柔性防护网(不含固定系统)				
-a	钢丝绳网	m^2			
-b	钢丝格栅	m^2			
213-5	被动柔性防护网(含固定系统)	m^2			
215-1	浆砌片石河床铺砌(M…)	m^3			
215-2	浆砌片石顺坝(M…)	m^3			
215-3	浆砌片石丁坝(M…)	m^3			
215-4	浆砌片石调水坝(M…)	m^3			
215-5	浆砌片石锥(护)坡(M…)	m^3			
215-6	干砌片(块)石	m^3			
215-7	抛片(块)石	m^3			
清单　第200章　合计　人民币＿＿＿＿＿＿＿＿					

(3)第300章路面工程量清单的子目号、子目名称及计量单位设置,应按表2.4-3的规定执行。

第300章 路面 表2.4-3

清单 第300章 路面					
子目号	子 目 名 称	计量单位	工程数量	单价	合价
302-1	碎石垫层				
-a	厚150mm	m^2			
-b	厚…mm	m^2			
302-2	砂砾垫层				
-a	厚150mm	m^2			
-b	厚…mm	m^2			
302-5	级配碎石垫层				
-a	厚150mm	m^2			
-b	厚…mm	m^2			
302-6	水泥混凝土路面碎石化	m^2			
304-1	水泥稳定类底基层				
-a	风化砂				
-a1	厚160mm	m^2			
-a2	厚…mm	m^2			
-b	风化砂掺30%碎石	m^2			
-b1	厚160mm	m^2			
-b2	厚…mm	m^2			
304-2	搭板下水泥稳定类底基层	m^2			
304-3	水泥稳定类基层				
-a	风化砂掺30%碎石	m^2			
-a1	厚170mm	m^2			
-a2	厚…mm	m^2			
-b	级配碎石				
-b1	厚170mm	m^2			
-b2	厚…mm	m^2			
306-1	级配碎石底基层				
-a	厚150mm	m^2			
-b	厚…mm	m^2			
306-3	级配碎石基层				
-a	厚180mm	m^2			
-b	厚…mm	m^2			
307-1	沥青稳定碎石基层(ATB-25)				

续上表

清单　第300章　路面					
子目号	子 目 名 称	计量单位	工程数量	单价	合价
-a	厚80mm	m^2			
-b	厚…mm	m^2			
307-2	沥青稳定碎石基层(LSPM-30)				
-a	厚100mm	m^2			
-b	厚…mm	m^2			
308-1	透层	m^2			
308-2	黏层	m^2			
309-1	细粒式沥青混凝土				
-a	厚40mm	m^2			
-b	厚…mm	m^2			
309-2	中粒式沥青混凝土				
-a	厚50mm	m^2			
-b	厚…mm	m^2			
309-3	粗粒式沥青混凝土				
-a	厚60mm	m^2			
-b	厚…mm	m^2			
310-1	沥青表面处治				
-a	厚…mm	m^2			
310-2	封层	m^2			
-a	层铺法沥青表处封层	m^2			
-b	稀浆封层	m^2			
-c	沥青碎石同步封层	m^2			
311-1	细粒式改性沥青混凝土				
-a	厚40mm	m^2			
-b	厚…mm	m^2			
311-2	中粒式改性沥青混凝土				
-a	厚50mm	m^2			
-b	厚…mm	m^2			
311-3	沥青玛蹄脂(SMA)路面				
-a	厚40mm	m^2			
-b	厚…mm	m^2			
312-1	水泥混凝土面板				
-a	厚200mm(混凝土弯拉强度…MPa)	m^2			

续上表

清单 第300章 路面					
子目号	子 目 名 称	计量单位	工程数量	单价	合价
-b	厚…mm(混凝土弯拉强度…MPa)	m^2			
312-2	钢筋(HPB300,HRB335)	kg			
312-3	混凝土基层	kg			
-a	厚180mm(混凝土弯拉强度…MPa)	m^2			
-b	厚…mm(混凝土弯拉强度…MPa)	m^2			
313-1	培土路肩	m^3			
313-2	中央分隔带回填土	m^3			
313-3	现浇混凝土土路肩(厚…mm)	m			
313-4	预制混凝土土路肩(厚…mm)	m			
313-5	路缘石				
-a	混凝土				
-a1	平缘石	m			
-a2	立缘石	m			
-b	石质				
-b1	平缘石	m			
-b2	立缘石	m			
-b3	异形石	m			
314-1	排水管				
-a	PVC-U 管(ϕ…mm)	m			
-b	铸铁管(ϕ…mm)	m			
-c	混凝土管(ϕ…mm)	m			
-d	HDPE (ϕ…mm)	m			
314-2	纵向排水				
-a	雨水管				
-a1	ϕ…mm	m			
-b	雨水沟				
-b1	…mm×…mm	m			
314-3	集水井				
-a	混凝土集水井	座			
-b	砖砌集水井	座			
314-4	中央分隔带渗沟	m			
314-5	防水层				
-a	沥青油毡	m^2			

续上表

清单　第300章　路面					
子目号	子 目 名 称	计量单位	工程数量	单价	合价
-b	土工布	m^2			
314-6	路肩排水沟				
-a	混凝土路肩排水沟	m			
-b	砂砾垫层	m^3			
-c	土工布	m^2			
314-7	拦水带				
-a	沥青混凝土拦水带	m			
-b	水泥混凝土拦水带	m			
清单　第300章　合计　人民币________________					

(4)第400章桥梁、涵洞工程量清单的子目号、子目名称及计量单位设置,应按表2.4-4的规定执行。

第400章　桥梁、涵洞　　表2.4-4

清单　第400章　桥梁、涵洞					
子目号	子 目 名 称	计量单位	工程数量	单价	合价
403-1	基础钢筋				
-a	光圆钢筋(HPB300)	kg			
-b	带肋钢筋(HRB335、HRB400)	kg			
403-2	下部结构钢筋				
-a	光圆钢筋(HPB300)	kg			
-b	带肋钢筋(HRB335、HRB400)	kg			
403-3	上部结构钢筋				
-a	光圆钢筋(HPB300)	kg			
-b	带肋钢筋(HRB335、HRB400)	kg			
-c	焊接钢筋网	kg			
403-4	附属结构钢筋				
-a	光圆钢筋(HPB300)	kg			
-b	带肋钢筋(HRB335、HRB400)	kg			
404-1	陆上挖方(无地表水)				
-a	干处挖土方(含淤泥质土)	m^3			
-b	干处挖石方	m^3			
-c	水下挖土方(地下水位线以下)	m^3			
-d	水下挖石方(地下水位线以下)	m^3			
404-2	水上挖方(有地表水)				

续上表

清单 第400章 桥梁、涵洞					
子目号	子 目 名 称	计量单位	工程数量	单价	合价
-a	挖土方	m^3			
-b	挖石方	m^3			
405-1	钻孔灌注桩				
-a	ϕ1.0m	m			
-b	ϕ1.2m	m			
-c	ϕ1.5m	m			
-d	ϕ1.8m	m			
-e	ϕ2.0m	m			
-f	ϕ…m	m			
405-2	钻取混凝土芯样，ϕ70mm	m			
405-3	桩破坏荷载试验，ϕ…m	m			
406-1	钢筋混凝土沉桩				
-a	ϕ…m	m			
-b	ϕ…m	m			
406-2	预应力混凝土沉桩				
-a	ϕ…m	m			
-b	ϕ…m	m			
406-3	试桩				
-a	ϕ…m	m			
-b	ϕ…m	m			
406-4	钢管桩				
-a	ϕ…m	m			
-b	ϕ…m	m			
407-1	挖孔灌注桩				
-a	ϕ…m	m			
-b	ϕ…m	m			
407-2	钻取混凝土芯样，直径 70mm	m			
407-3	桩破坏荷载试验，直径…m	m			
408-1	桩的检验荷载试验，直径…m(kN)	每一试桩			
408-2	ϕ…m 桩破坏荷载试验(…m)	每一试桩			
409-1	钢筋混凝土沉井				
-a	井壁混凝土(C…)	m^3			
-b	顶板混凝土(C…)	m^3			
-c	填芯混凝土(C…)	m^3			
-d	封底混凝土(C…)	m^3			
410-1	混凝土基础				

续上表

清单　第400章　桥梁、涵洞					
子目号	子 目 名 称	计量单位	工程数量	单价	合价
-a	系梁(支撑梁)混凝土				
-a1	C…	m^3			
-b	承台混凝土(有封底)				
-b1	C…	m^3			
-c	承台混凝土(无封底)				
-c1	C…	m^3			
-d	基础混凝土				
-d1	C…	m^3			
-e	基础片石混凝土				
-e1	C…	m^3			
-f	拱座混凝土	m^3			
-g	锚碇混凝土	m^3			
410-2	混凝土下部结构				
-a	轻型桥台				
-a1	C…	m^3			
-b	重力式U形桥台				
-b1	C…	m^3			
-c	肋形埋置式桥台				
-c1	C…	m^3			
-d	框架式桥台				
-d1	C…	m^3			
-e	柱式桥墩				
-e1	C…	m^3			
-f	空心墩				
-f1	C…	m^3			
-g	薄壁墩				
-g1	C…	m^3			
-h	异形墩(V形、Y形等)				
-h1	C…	m^3			
-i	墩台帽				
-i1	C…	m^3			
-j	混凝土盖梁及耳背墙				
-j1	C…	m^3			
-k	片石混凝土墩台身				
-k1	C…	m^3			
410-3	现浇混凝土上部结构				

续上表

清单　第400章　桥梁、涵洞					
子目号	子目名称	计量单位	工程数量	单价	合价
-a	混凝土实心板				
-a1	C…	m^3			
-b	混凝土空心板				
-b1	C…	m^3			
-c	箱梁				
-c1	C…	m^3			
-d	拱圈(拱肋)				
-d1	C…	m^3			
-e	斜腿刚构				
-e1	C…	m^3			
410-4	预制混凝土上部结构				
-a	混凝土实心板				
-a1	C…	m^3			
-b	混凝土空心板				
-b1	C…	m^3			
-c	拱圈(拱肋)				
-c1	C…	m^3			
410-5	上部结构混凝土现浇整体化				
-a	预制板现浇整体化(铰缝)				
-a1	C…	m^3			
-b	预制梁现浇整体化(湿接缝、横隔梁等)				
-b1	C…	m^3			
-c	拱上建筑				
-c1	C…	m^3			
410-6	现浇混凝土附属结构				
-a	人行道				
-a1	C…	m^3			
-b	防撞墙				
-b1	C…	m^3			
-c	护栏底座(缘石)				
-c1	C…	m^3			
-d	桥头搭板				
-d1	C…	m^3			
-e	抗震挡块				
-e1	C…	m^3			
-f	支座垫石				

续上表

清单　第400章　桥梁、涵洞					
子目号	子 目 名 称	计量单位	工程数量	单价	合价
-f1	C···	m^3			
410-7	预制混凝土附属结构				
-a	人行道				
-a1	C···	m^3			
-b	栏杆				
-b1	C···	m^3			
-c	缘石				
-c1	C···	m^3			
411-1	预应力钢丝				
-a	先张法	kg			
-b	后张法	kg			
411-2	预应力钢绞线				
-a	先张法	kg			
-b	后张法	kg			
411-3	预应力钢筋				
	先张法	kg			
	后张法	kg			
411-4	特殊结构预应力钢材				
-a	斜拉索	kg			
-b	悬索	kg			
-c	系杆	kg			
-d	吊杆	kg			
411-5	钢上部结构				
-a	钢箱梁	kg			
-b	钢管拱	kg			
-c	钢桁架	kg			
411-6	钢(铁)附属构件				
-a	防撞钢护栏	m			
-b	波形梁护栏	m			
-c	钢(铁)艺护栏	m			
411-7	现浇预应力混凝土上(下)部结构				
-a	混凝土空心板				
-a1	C···	m^3			
-b	支架现浇箱梁				
-b1	C···	m^3			
-c	滑模浇筑箱梁				

续上表

清单 第400章 桥梁、涵洞					
子目号	子 目 名 称	计量单位	工程数量	单价	合价
-c1	C…	m^3			
-d	悬臂浇筑箱梁				
-d1	C…	m^3			
-e	刚构				
-e1	C…	m^3			
-f	盖梁混凝土				
-f1	C…	m^3			
411-8	预制预应力混凝土上部结构				
-a	混凝土空心板				
-a1	C…	m^3			
-b	T(I)形梁				
-b1	C…	m^3			
-c	箱梁				
-c1	C…	m^3			
411-9	特殊结构混凝土				
-a	斜拉桥塔身混凝土(C…)	m^3			
-b	悬索桥塔身混凝土(C…)	m^3			
-c	钢管拱混凝土(C…)	m^3			
413-1	浆砌片石				
-a	M…	m^3			
413-2	浆砌块石				
-b	M…	m^3			
413-3	浆砌料石				
-c	M…	m^3			
413-4	浆砌预制混凝土块				
-d	M…	m^3			
415-1	沥青混凝土桥面铺装				
-a	厚…mm 上面层	m^2			
-b	厚…mm 下面层	m^2			
415-2	水泥混凝土桥面铺装				
-a	C…级、厚…mm	m^2			
-b	…	m^2			
415-3	防水层				
-a	…	m^2			
415-4	桥面处理				
-a	抛丸	m^2			

续上表

清单　第 400 章　桥梁、涵洞					
子目号	子 目 名 称	计量单位	工程数量	单价	合价
-b	凿毛	m^2			
416-1	矩形板式橡胶支座				
-a	固定支座				
-a1	…mm×…mm×…mm	个			
-b	活动支座				
-b1	…mm×…mm×…mm	个			
416-2	圆形板式橡胶支座				
-a	固定支座				
-a1	ϕ…mm×…mm	个			
-b	活动支座				
-b1	ϕ…mm×…mm	个			
416-3	球冠圆板式橡胶支座				
-a	固定支座				
-a1	ϕ…mm×…mm	个			
-b	活动支座				
-b1	ϕ…mm×…mm	个			
416-4	盆式支座				
-a	GPZ(Ⅱ)2.0DX	个			
-b	GPZ(Ⅱ)2.0SX	个			
-c	…	个			
416-5	球形支座				
-a	DZQZ4000GD(II)	个			
-b	JQGZ-Ⅱ60000SX	个			
-c	…	个			
417-1	橡胶伸缩装置	m			
417-2	模数式伸缩装置				
-a	D-40 型	m			
-b	…	m			
417-3	梳齿式伸缩装置				
-a	…	m			
417-4	填充式材料伸缩装置	m			
419-1	单孔钢筋混凝土圆管涵				
-a	ϕ1.0m	m			
-b	…	m			
419-2	双孔钢筋混凝土圆管涵				
-a	ϕ1.0m	m			

续上表

清单 第400章 桥梁、涵洞					
子目号	子 目 名 称	计量单位	工程数量	单价	合价
-b	…	m			
419-3	钢筋混凝土圆管倒虹吸管涵				
-a	ϕ1.0m	m			
-b	…	m			
420-1	钢筋混凝土盖板涵				
-a	单孔(宽…m×高…m)	m			
-b	双孔(宽…m×高…m)	m			
420-2	钢筋混凝土箱涵				
-a	单孔(宽…m×高…m)	m			
-b	双孔(宽…m×高…m)	m			
420-3	钢筋混凝土盖板通道				
-a	宽…m×高…m	m			
420-4	钢筋混凝土箱形通道				
-a	宽…m×高…m	m			
421-1	拱涵				
-a	宽…m×高…m	m			
421-2	拱形通道				
-a	宽…m×高…m	m			
422-1	预制梁板长途运输				
-a	装车	m^3			
-b	50km 运输				
-b1	13m 以内(含 13m)	m^3			
-b2	13~16m(含 16m)	m^3			
-b3	16m 以上	m^3			
-c	每增 1km				
-c1	13m 以内(含 13m)	m^3	1		
-c2	13~16m(含 16m)	m^3	1		
-c3	16m 以上	m^3	1		
-d	每减 1km				
-d1	13m 以内(含 13m)	m^3	1		
-d2	13~16m(含 16m)	m^3	1		
-d3	16m 以上	m^3	1		
清单 第400章 合计 人民币__________					

(5)第500章隧道工程量清单的子目号、子目名称及计量单位设置,应按表2.4-5的规定执行。

第500章　隧道　　表2.4-5

清单　第500章　隧道					
子目号	子目名称	计量单位	工程数量	单价	合价
502-1	洞口、明洞开挖				
-a	挖土方	m^3			
-b	挖石方	m^3			
502-2	洞外防水与排水				
-a	浆砌片石水沟	m			
-b	浆砌混凝土预制块水沟	m			
-c	现浇混凝土水沟	m			
-d	明洞衬背纵向波纹管渗沟	m			
-e	引水管	m			
-f	排水管	m			
-g	衬背防水层	m^2			
-h	明洞止水带	m			
-i	防水混凝土	m^3			
-j	黏土隔水层	m^3			
502-3	洞口坡面防护				
-a	浆砌片石	m^3			
-b	浆砌混凝土预制块	m^3			
-c	喷射混凝土	m^3			
-d	砂浆锚杆	m			
-e	中空注浆锚杆	m			
-f	钢筋网	kg			
-g	种植草皮	m^2			
502-4	洞门建筑				
-a	混凝土墙身及帽石	m^3			
-b	浆砌料石(片块石)墙身	m^3			
(502-4)	(洞门建筑)				
-c	墙身镶面	m^2			
-d	洞身钢筋	kg			
502-5	明洞衬砌				
-a	衬砌混凝土	m^3			
-b	仰拱填充及调平层混凝土	m^3			
-c	偏压明洞挡墙	m^3			
-d	光圆钢筋	kg			
-e	带肋钢筋	kg			
502-6	遮光棚(板)				
-a	混凝土	m^3			

续上表

清单　第500章　隧道					
子目号	子 目 名 称	计量单位	工程数量	单价	合价
-b	钢筋	kg			
-c	遮光板	m^2			
502-7	洞顶回填				
-a	土石方回填	m^3			
-b	浆砌片石回填	m^3			
503-1	洞身开挖				
-a	洞身挖土方	m^3			
-b	洞身挖石方	m^3			
-c	竖井挖土方	m^3			
-d	竖井挖石方	m^3			
503-2	超前支护				
-a	超前锚杆	m			
-b	中空注浆锚杆	m			
-c	药卷锚杆	m			
-d	自进式锚杆	m			
-e	注浆小导管	m			
-f	管棚	kg			
(503-2)	(超前支护)				
-g	型钢拱架	kg			
-h	钢筋拱架	kg			
-i	围岩注浆	m^3			
503-3	喷锚支护				
-a	喷射钢纤维混凝土	m^3			
-b	喷射混凝土	m^3			
-c	砂浆锚杆	m			
-d	中空注浆锚杆	m			
-e	药卷锚杆	m			
-f	自进式锚杆	m			
-g	预应力注浆锚杆	m			
-h	钢筋焊接网	kg			
-i	型钢拱架	kg			
-j	钢筋拱架	kg			
503-4	木材支护	m^3			
504-1	洞身衬砌				
-a	混凝土	m^3			

续上表

清单　第 500 章　隧道					
子目号	子 目 名 称	计量单位	工程数量	单价	合价
-b	防水混凝土	m^3			
-c	浆砌粗料石（块石）	m^3			
-d	光圆钢筋	kg			
-e	带肋钢筋	kg			
504-2	仰拱、铺底混凝土				
-a	仰拱混凝土	m^3			
-b	仰拱填充混凝土	m^3			
-c	铺底混凝土	m^3			
504-3	边沟、电缆沟				
-a	钢筋混凝土沟槽身	m^3			
-b	钢筋混凝土盖板	m^3			
-c	电缆保护管	m			
504-4	洞门				
-a	车行横洞洞门	套			
-b	人行横洞洞门	套			
-c	边墙设施洞门	套			
504-5	洞内路面				
-a	水泥混凝土面板（厚…mm）	m^2			
-b	水泥混凝土垫层	m^3			
-c	路面钢筋	kg			
505-1	隧道防水				
-a	衬砌防排水层	m^2			
-b	沉降缝止水带	m			
-c	施工缝止水条	m			
-d	背贴式止水带	m			
-e	压浆堵水	m^3			
505-2	隧道排水				
-a	衬背纵向盲沟	m			
-b	衬背环向盲沟	m			
-c	衬背横向导水管	m			
-d	路面下横向排水盲沟	m			
-e	路面下纵向排水管沟	m			
-f	路缘纵向排水沟	m			
-g	沉沙井	个			
506-1	洞内防火				

续上表

清单　第500章　隧道					
子目号	子 目 名 称	计量单位	工程数量	单价	合价
-a	喷涂防火涂料	m^2			
-b	防火板	m^2			
-c	顶隔板	m^2			
506-2	洞内装饰工程				
-a	镶贴瓷砖	m^2			
-b	喷涂混凝土专用漆	m^2			
508-1	监控量测				
-a	必测项目	总额			
-b	选测项目	总额			
509-1	地质预报	总额			
清单　第500章　合计　人民币＿＿＿＿＿＿＿＿					

(6)第600章安全设施及预埋管线工程量清单的子目号、子目名称及计量单位设置，应按表2.4-6的规定执行。

第600章　安全设施及预埋管线　　表2.4-6

清单　第600章　安全设施及预埋管线					
子目号	子 目 名 称	计量单位	工程数量	单价	合价
602-1	混凝土护栏				
-a	现浇C…	m			
-b	预制C…	m			
602-2	单面波形梁钢护栏				
-a	镀锌				
-a1	Gr-A-4E	m			
-a2	…	m			
-b	浸塑				
-b1	Gr-A-4E	m			
-b2	…	m			
-c	喷塑				
-c1	Gr-A-4E	m			
-c2	…	m			
602-3	双面波形梁钢护栏				
-a	镀锌				
-a1	Gr-A-4E	m			
-a2	…	m			
-b	浸塑				
-b1	Gr-A-4E	m			

续上表

清单　第600章　安全设施及预埋管线					
子目号	子 目 名 称	计量单位	工程数量	单价	合价
-b2	…	m			
-c	喷塑				
-c1	Gr-A-4E	m			
-c2	…	m			
602-4	活动式护栏				
-a	插拔式钢护栏	个			
-b	伸缩式钢护栏	个			
-c	充填式	个			
602-5	波形梁钢护栏起、终端头				
-a	分设型圆头式端头				
-a1	镀锌	个			
-a2	浸(喷)塑	个			
-b	分设型波形梁地锚式端头				
-b1	镀锌	个			
-b2	浸(喷)塑	个			
-c	组合型圆头式端头				
-c1	镀锌	个			
-c2	浸(喷)塑	个			
602-6	缆索护栏	m			
602-7	混凝土基础				
-a	C…	m^3			
603-1	隔离栅				
-a	铁丝编织网(镀锌)	m			
-b	钢板网(镀锌)	m			
-c	电焊网(镀锌)	m			
-d	刺铁丝	m			
-e	浸(喷)塑网	m			
603-2	桥上防护网				
-a	镀锌	m			
-b	浸(喷)塑	m			
604-1	单柱式交通标志				
-a	ϕ0.8m	个			
-b	…	个			
604-2	双柱式交通标志				
-a	3.8m×4.5m	个			
-b	…	个			

续上表

清单　第600章　安全设施及预埋管线					
子目号	子 目 名 称	计量单位	工程数量	单价	合价
604-3	三柱式交通标志				
-a	…	个			
604-4	门架式交通标志				
-a	跨度 12m ~ 13m	个			
-b	…	个			
604-5	单悬臂式交通标志				
-a	4.0m × 3.0m	个			
-b	…	个			
604-6	双悬臂式交通标志				
-a	3.9m × 3.9m				
-b	…	个			
604-7	附着(悬挂)式交通标志				
-a	…	个			
604-8	里程碑	个			
604-9	公路界碑	个			
604-10	百米桩	个			
604-11	可移动标志				
-a	锥形交通标	个			
-b	防撞筒	个			
-c	水马	个			
-d	临时标志	个			
-e	…	个			
604-12	示警桩				
-a	钢管桩	个			
-b	混凝土桩	个			
-c	柔性桩	个			
604-13	限高架				
-a	…(规格)	个			
604-14	太阳能设施				
-a	太阳能多向警示标	个			
-b	自发光多向警示标	个			
-c	频闪灯	个			
-d	太阳能突起路标	个			
-e	太阳能竖向线形诱导标	个			
-f	太阳能智能视线诱导标	个			
-g	太阳能智能边缘视线诱导标	个			

续上表

清单　第600章　安全设施及预埋管线					
子目号	子 目 名 称	计量单位	工程数量	单价	合价
605-1	热熔型涂料路面标线				
-a	…	m^2			
605-2	熔剂常温涂料路面标线				
-a	…	m^2			
605-3	熔剂加热涂料路面标线				
-a	…	m^2			
605-4	水性涂料路面标线				
-a	…	m^2			
605-5	特殊路面标线				
-a	文字标线	m^2			
-b	导向箭头	m^2			
-c	斑马线	m^2			
-d	图形标线	m^2			
-e	区域标线	m^2			
-f	震颤标线(热熔突起型标线)	m^2			
-g	防滑标线	m^2			
-h	隆声带	m^2			
-i	减速带	m			
605-6	突起路标				
-a	单面突起路标	个			
-b	双面突起路标	个			
605-7	轮廓标				
-a	柱式轮廓标	个			
-b	附着式轮廓标	个			
-c	LDC 线形(条型)轮廓标	片			
-d	柱式边缘视线诱导标	个			
605-8	立面标记				
-a	喷涂式	m^2			
-b	粘贴式	m^2			
606-1	防眩板	个			
606-2	防眩网	m			
607-1	人(手)孔				
-a	钢筋混凝土	个			
-b	砖砌	个			
607-2	紧急电话平台	个			
607-3	管道工程				

续上表

清单 第600章 安全设施及预埋管线					
子目号	子 目 名 称	计量单位	工程数量	单价	合价
-a	铺设…孔 ϕ…mm 塑料管(钢管)管道	m			
-b	铺设…孔 ϕ…mm 塑料管(钢管)管道	m			
-c	过桥管箱(包括两端接头管箱)	m			
608-1	收费亭				
-a	单人收费亭	个			
-b	双人收费亭	个			
608-2	收费天棚(土建)				
-a	基础				
-a1	C…	m^3			
-b	预埋构件	kg			
-c	立柱				
-c1	钢立柱	kg			
-c2	混凝土立柱(C…)	m^3			
-d	桁架屋面(含屋面板、檩条及拉条、屋面排水)	m^2			
-e	钢筋混凝土屋面(含屋面板、梁、屋面排水)	m^2			
-f	显示屏架	kg			
-g	装饰				
-g1	…(按装饰部位)	m^2			
-g2	…(按装饰部位)	m^2			
-h	雨水管	m			
-i	站名牌	m^2			
608-3	收费岛				
-a	单向收费岛	个			
-b	双向收费岛	个			
608-4	地下通道				
-a	高…m×宽…m	m			
608-5	预埋管线				
-a	…	m			
608-6	架设管线				
-a	…	m			
清单 第600章 合计 人民币________					

(7)第700章绿化及环境保护工程量清单的子目号、子目名称及计量单位设置,应按表2.4-7的规定执行。

第700章　绿化及环境保护　　表2.4-7

清单　第700章　绿化及环境保护					
子目号	子 目 名 称	计量单位	工程数量	单价	合价
702-1	开挖并铺设表土				
-a	路堤边坡(含路肩)	m^3			
-b	路堑边坡(含路肩)	m^3			
-c	中央分隔带	m^3			
-d	服务区、互通区	m^3			
-e	隧道洞口区	m^3			
702-2	铺设利用的表土				
-a	路堤边坡(含路肩)	m^3			
-b	路堑边坡(含路肩)	m^3			
-c	中央分隔带	m^3			
-d	服务区、互通区	m^3			
-e	隧道洞口区	m^3			
703-1	撒播草种				
-a	…(按草种种类分)	m^2			
-b	…(按草种种类分)	m^2			
703-2	铺植草皮				
-a	…(按草种种类分)	m^2			
-b	…(按草种种类分)	m^2			
703-3	绿地喷灌				
-a	绿地喷灌管道	m			
-b	绿地喷灌喷头	个			
704-1	种植乔木				
-a	…(按乔木种类及规格分)	棵			
-b	…(按乔木种类及规格分)	棵			
-a	…(按灌木种类及规格分)	棵			
-b	…(按灌木种类及规格分)	棵			
704-3	种植攀缘植物				
-a	…(按攀缘植物种类分)	棵			
-b	…(按攀缘植物种类分)	棵			
706-1	吸、隔声板屏障	m			
706-2	吸声砖声屏障	m^3			
706-3	砖墙声屏障	m^3			
清单　第700章　合计　人民币________					

(8)工程量清单汇总表应按表2.4-8的规定执行。

工程量清单汇总表 表2.4-8

项目名称:________________ 合同段:__________

序号	章次	科目名称	金额(元)
1	100	总则	
2	200	路基工程	
3	300	路面工程	
4	400	桥梁、涵洞工程	
5	500	隧道工程	
6	600	安全设施及预埋管线工程	
7	700	绿化及环境保护工程	
8	800	机电工程	
9	900	房建工程	
10	第100章至第900章清单合计		
11	已包含在清单合计中的专项暂估金额小计		
12	清单合计减去专项暂估金额(10－11)＝12		
13	不可预见费(暂定金额＝12×　%)		
14	投标价(10＋13)＝14		

3　工程量清单计价规则

3.1　通则

3.1.1　本部分主要规定了工程量清单子目的工程量计算规则、计价工程内容和计量规则等内容。

3.1.2　工程量计算规则是对工程量清单子目工程量的计算规定，除另有说明外，工程量清单子目工程量均按设计图示以工程实体的净值计算，并应符合《公路工程标准施工招标文件》（交公路发〔2009〕221 号）技术规范 101.06 款的规定；材料及半成品的采购、场外运输、场内二次运转等损耗的数量以及常规的试验、检测等消耗的数量均应作为相应工程清单子目的附属内容，不另行计算工程量。

3.1.3　计价工程内容是对完成工程量清单子目的主要工程或工作内容的明确，凡计价工程内容中未列明但应作为其组成内容的其他工程或工作，应作为该工程量清单子目的附属工作，参照招标文件和本规则相应规定或设计图纸综合考虑在相应工程量清单子目单价中。

3.1.4　计量规则是对工程量清单子目相应工程内容完工后支付前的计量规定。第 100 章各子目按照本指南规定计量，第 200 至第 800 章各子目按图纸所示施工完成并经验收合格的工程数量，按合同单价计算合价后计量，计量上限按本指南 4.2.1.5 计量。

3.1.5　工程量清单应采用综合单价计价，应根据规定的综合单价组成，按本指南的“计价工程内容”和设计文件确定。

3.1.6　招标控制价应根据本指南、招标文件中的工程量清单和有关要求、施工现场实际情况、合理可行的施工工艺和方法、市场价格信息以及交通行政主管部门发布的社会平均消耗量定额和有关计价办法编制。

3.1.7　投标报价应根据本指南、招标文件中的工程量清单和有关要求、施工现场实际情况及拟定的施工方案或施工组织设计、市场价格信息，依据企业定额或参考交通行政主管部门发布的社会平均消耗量定额，以不低于成本价进行编制。

3.1.8　合同综合单价因工程量变更需要调整时，除合同另有约定外，按照下列办法确定：

(1)工程量清单漏项或设计变更引起的工程量清单子目，其相应综合单价由施工单位（承包人）提出，按设计变更程序经批复并经审计确认后作为结算的依据；

(2)由于工程量清单的工程数量有误或设计变更引起的工程量增减属合同约定幅度以内的，执行原有的综合单价；属合同约定幅度以外的，其相应综合单价由施工单位（承包人）提出，按规定程序批复并经审计确认后作为结算的依据。

3.1.9　沥青混合料、水泥混凝土和基层、底基层混合料拌和站原则上采用施工单位（承包人）就近自建模式，定额中采用现场拌和的应抽换为集中拌和。当用量较小、摊销费用较高时，采用就近租赁拌和站去料加工的模式进行组价。

3.1.10　本指南未涉及的工程内容，可根据工程实际需要，在项目的招标文件技术规范中自行补充相应的计价规范。

3.1.11　本指南需与交通运输部《公路工程标准施工招标文件》(2003 年版)配套使用。

3.2　第 100 章　总则

3.2.1　一般规定

(1)本章为总则，主要包括保险费、工程管理、临时工程与设施、标准化工地建设等内容。

(2)工程一切险是为永久工程、临时工程和设备及已运至施工工地用于永久工程的材料和设备所投的保险。

(3)竣工文件费是施工单位（承包人）对承建工程，按《公路工程竣（交）工验收办法》及《青岛公路基建项目竣工资料标准化管理指南》的要求，编制竣工图表、资料所需的费用。

(4)施工环保费是施工单位（承包人）在施工过程中采取预防和消除环境污染措施所需的费用。

(5)安全生产费是施工单位（承包人）按照规定标准提取，专门用于完善和改进工程项目安全生产条件所发生的费用。

(6)工程管理软件是依据无纸化、网络化等办公和管理要求而所需的软硬件、网络平台建设等费用。

(7)保通费指按图纸中施工调流、安全疏导专项设计计取的相关费用以及工程验收前交通维护、管制的相关费用,包括建设、维护、拆除等各项费用。保通费编制时应综合考虑工程材料、设备的合理摊销。

(8)临时占地费是施工单位(承包人)为完成工程建设,临时占用土地的租用费。临时占地费已包含临时占地恢复费,临时占地退还前,施工单位(承包人)应负责恢复到临时用地使用前的状况。未经审批的占地和超过批准的占地使用时间所发生的一切费用和后果由施工单位(承包人)自负。

(9)临时供电设施、网络通信设施是施工单位(承包人)为完成工程建设所需要的临时电力、电信设施的架设与拆除的费用,不包括使用费。

(10)标准化工地建设(承包人驻地建设)是指施工单位(承包人)为工程建设必须临时修建的住房、办公房、加工车间、仓库、试验室和必要的供水、卫生、消防设施所需费用,其中包括拆除与恢复到原来的自然状况的费用。

(11)标准化施工措施费是指为达到施工现场标准化、施工措施标准化所需费用,包括各类标牌、铭牌。

3.2.2　计价规则

第100章工程量计算规则、计价内容及计量规则应按表3.2-1的规定执行。

第100章　总则　　表3.2-1

清单　第100章　总则					
子目号	子目名称	计量单位	工程量计算规则	计价工程内容	计量规则
101-1	保险费				
-a	按合同条款规定,提供建筑工程一切险	总额	按照招标文件规定的投保金额和费率填报	建筑工程一切险	根据保险公司的保单,经监理工程师签证后计量
102-1	竣工文件	总额	按规定要求和工程规模等计算总额	文件资料(含各项原始记录、施工记录、电子文档等)的积累、保存和复印、按规定编制和提交	按总额经监理人验收合格并通过档案专项验收后一次计量
102-2	施工环保费	总额	按规定要求和环保措施等计算总额(如有)	施工控制扬尘、降低噪声、施工水土保持、合理排污等一切与施工环保有关的作业	经监理人验收合格后,每1/4工期计量总额的20%,工程结算审计后计量剩余部分

续上表

<table>
<tr><td colspan="6">清单 第100章 总则</td></tr>
<tr><td>子目号</td><td>子 目 名 称</td><td>计量单位</td><td>工程量计算规则</td><td>计价工程内容</td><td>计 量 规 则</td></tr>
<tr><td>102-3</td><td>安全生产费</td><td>总额</td><td>按照招标文件规定的基数和费率填报</td><td>用于安全生产防护用具及设施的采购与更新、安全施工措施的落实、安全生产条件的改善与提高，原则上应为《公路工程标准施工招标文件》（交公路发〔2009〕221 号）第102.13条除指路标志、标准的道路标志之外，以及国家安全生产监督管理总局《企业安全生产费用提取和使用管理办法》（财企〔2012〕16号）规定范围内工作内容所发生的费用</td><td>对符合规定的费用据实际量</td></tr>
<tr><td>102-4</td><td>工程管理软件</td><td>总额</td><td>按规定要求和信息化措施以总额填报</td><td>工程管理软件的购买、使用和维护</td><td>经监理人验收后计量</td></tr>
<tr><td>103-1</td><td>保通费（临时工程与设施）</td><td></td><td></td><td></td><td></td></tr>
<tr><td>-a</td><td>临时便道</td><td>总额</td><td rowspan="3">按招标文件规定固定金额填报</td><td rowspan="2">根据图纸设计修建的临时道路、桥梁、栈桥及与此相关的安全设施的修建养护、拆除、恢复</td><td rowspan="3">经监理人验收合格后，第1、2次计量中等额支付总额的40%，工程结算审计后计量剩余部分</td></tr>
<tr><td>-b</td><td>临时便桥</td><td>总额</td></tr>
<tr><td>-c</td><td>临时交通安全设施</td><td>总额</td><td>保通设施的采购和更新、维护</td></tr>
<tr><td>-d</td><td>施工期临时运行费</td><td>总额</td><td></td><td>交通管制或临时运营、维护、调试</td><td rowspan="2">经监理人验收合格后计量</td></tr>
<tr><td>103-2</td><td>临时占地</td><td>总额</td><td>按招标文件规定固定金额填报</td><td>施工单位办公和生活用地、仓库与料场用地、预制场地、工地试验室用地、临时道路用地等、用地退还前恢复到使用前状况</td></tr>
</table>

续上表

清单　第100章　总则					
子目号	子目名称	计量单位	工程量计算规则	计价工程内容	计量规则
103-3	临时供电设施	总额	按规定要求、工程规模需要和施工组织等计算总额	市电的接入、安装或发电机组等后备电源配备，建立临时供配电系统向供电部门缴纳有关费用、供配电系统的维修和维护、发电设备的维修和维护、发电与供配电系统设备拆除	经监理人验收合格，计量总额的80%，工程结算审计后计量剩余部分
103-4	网络通信设施	总额	按规定要求、工程规模需要和施工组织等计算总额	电话、传真、网络等电信设施的修建、连接、安装和维修、电信费用的缴纳、电信设施的拆除	
104-1	标准化工地建设（承包人驻地建设）	总额	按照招标文件规定填报	承包人驻地、试验室及场站建设与管理、医疗卫生的提供与消防设施的配置、驻地设施的维护与完工后的全部拆迁	设施建成完成，经监理人、项目现场管理机构验收合格后计量40%，剩余部分按与施工进度款同比例计量
104-2	标准化施工措施费	总额	按照招标文件规定填报	施工现场标识标牌及人员、材料、设备标准化管理	

3.3　第200章　路基工程

3.3.1　一般规定

（1）本章为路基工程，主要包括场地清理、路基挖方、路基填方、特殊地区路基处理、排水设施、边坡防护、挡土墙、挂网坡面防护、预应力锚索及锚固板及河道防护等内容。

（2）护坡、护面墙、挡墙的基础挖方，作为砌筑工程的附属工程不另行计量。

（3）浆砌边沟、排水沟、截水沟均已包含原地面（填方路段）或路床顶面（挖方路段）以下的沟槽开挖，并以铺砌长度计量；急流槽仅指路基排水急流槽，路面排水急流槽列入路面工程中。

（4）填方路基包括填筑路基和结构物处的台背回填以及改路填筑等有关的施工作业，为使路基碾压密实而超宽填筑增加的数量不予计量。

（5）零填挖路段按设计文件要求进行翻松压实，作为路基填方的附属工程不另行计量；特殊路段需进行换填的，按照设计图纸中明确的利用方或借方进行填筑（设计明确的特殊路基处理除外）。

(6)利用方及借方填筑不分土方、石方及土石混合料,均以设计断面压实体积计算和计量。

(7)沉降及变位监测设施作为独立的计量内容。

(8)结构物台背回填是按设计图纸或监理工程师所示的用符合设计要求的材料分层填筑结构物与路基之间的遗留部分(地基处理后地面以上部分),包括桥涵台背、锥坡、挡土墙墙背等。除桥台、涵洞为二次开挖施工外,该部分回填数量在路基填筑中不得重复计算,应予以扣除。

(9)护坡、护面墙包括种草、铺草皮护坡、浆砌片(块)石或预制混凝土块护坡及护面墙有关的施工作业。其中,护坡包括桥台锥坡;各类砂浆砌体按砂浆强度等级分列工程子目;砂砾或碎石垫层作为砌体的附属工程,不单独计量;镶边石、铆钉、嵌缝材料、砂浆勾缝、泄水孔及其滤水层以及基础的开挖和回填等有关作业,均作为施工单位(承包人)应做的附属工作,不另行计量与支付。

(10)加筋土挡土墙包括在公路填方路段修建加筋土挡土墙及其有关的全部作业,主要分钢筋混凝土带挡土墙和土工带挡土墙两类。其中,加筋土挡土墙的基坑开挖与回填、墙顶抹平层、沉降缝的填塞、泄水管的设置及钢筋混凝土带的钢筋等,均包含在相应的工程项目中,不另行计量。

(11)喷射混凝土和喷浆边坡防护包括在挖方边坡上进行喷射素混凝土和喷浆防护及锚杆挂网喷射混凝土和喷浆的有关施工作业。

(12)本章项目未明确指出的工程内容,如:养护、场地清理、脚手架的搭拆、模板的安装、拆除及场地运输等均包含在相应的工程项目中,不另行计量。

(13)就近租赁社会拌和站的,拌和站的安拆费用以市场加工价格的形式进行摊销。

(14)植被防护成活养护期按12月计取。

3.3.2　计价规则

第200章工程量计算规则、计价内容及计量规则应按表3.3-1的规定执行

第200章　路基　　表3.3-1

清单　第200章　路基				
子目号	子目名称	计量单位	工程量计算规则	计价工程内容
202-1	清理与凿除			
-a	清理现场	m^2	按设计图表所示的路基用地范围,以投影平面面积计算	1. 路基设计用地范围内所有垃圾、石头、废料的清除;灌木、竹林及胸径(离地面1.3m高处的直径)小于15cm树木的砍伐及树根的挖除;原地面以下10～30cm内的草皮、农作物根系和表土的清除 2. 坑穴填平夯实 3. 填前碾压密实 4. 废料运输及堆放

续上表

清单　第200章　路基				
子目号	子目名称	计量单位	工程量计算规则	计价工程内容
-b	砍伐树木	棵	按设计图表所示的路基用地范围，以胸径不小于15cm的树木棵数累计计算	1. 砍树、截锯、挖根 2. 运输堆放 3. 坑穴填平夯实
-c	挖除树根	棵	按设计图表所示的路基用地范围，以树根顶面直径不小于15cm的树木棵数累计计算	1. 挖除 2. 运输堆放 3. 坑穴填平夯实
202-2	挖除旧路面			
-a	挖除水泥混凝土面层	m^3	按设计图表所示的路基用地范围，以实有旧路面体积(顶面面积乘以厚度)计算	1. 破碎 2. 挖装 3. 外运
-b	挖除沥青混凝土面层	m^3		1. 铣刨(含清理) 2. 外运
-c	挖除碎石路面	m^3		
-d	挖除稳定类基层	m^3		
-e	铣刨沥青混凝土面层	m^3		
-f	铣刨稳定类基层	m^3		
202-3	拆除结构物	m^3		
-a	钢筋混凝土结构	m^3	按设计图表所示的路基用地范围，以实有结构物地表以上部分体积计算	1. 破碎、凿除 2. 挖装 3. 外运
-b	混凝土结构	m^3		
-c	砖、石及其他砌体结构	m^3		
202-4	拆除附属设施			
-a1	单柱式标志	个	按设计图纸所示，以实有标志牌个数计算	1. 拆除(混凝土基础拆除列入202-3) 2. 外运
-a2	多柱式标志	个		
-a3	悬臂式标志	个		
-a4	门架式标志	个		
-b	隔离栅	m	按设计图纸所示，以拆除长度计算	
-c1	波形护栏	m		
-c2	钢护栏(桥梁)	m		
-d	桥上防落网	m		
-e	路缘石	m	按设计图纸所示，以拆除长度计算	1. 拆除 2. 外运
-f	……等其他设施			
203-1	路基挖方			
-a	挖土方	m^3	按路线中线长度乘以设计开挖断面面积的天然密实体积计算(设计图提供的挖土方数量)	1. 挖装 2. 零填挖路段翻松压实(如有)整修边坡 3. 施工排水(如需) 4. 运输 5. 弃方处理(如需)

续上表

清单 第200章 路基				
子目号	子 目 名 称	计量单位	工程量计算规则	计价工程内容
-b	挖石方	m^3	按路线中线长度乘以设计开挖断面面积的天然密实体积计算(设计图提供的挖石方数量)	1. 石方爆破、挖装、解小、排险 2. 运输 3. 排水(如需) 4. 弃方处理(如需) 5. 整修边坡
-c	挖除非适用材料(不含淤泥、垃圾)	m^3	按设计图提供或所示,以设计断面天然密实体积计算	1. 挖装 2. 运输 3. 排水 4. 挖掘机场内支垫(如需) 5. 弃方处理
-d	挖除淤泥	m^3		
-e	挖除垃圾	m^3		
-f	台阶搭接整修	m^2	按设计图提供或所示,以设计断面面积计算	台阶二次整修(不包括台阶挖方)
203-2	改河、改渠、改路挖方			
-a	挖土方	m^3	按路线中线长度乘以设计开挖断面面积的天然密实体积计算(设计图提供的挖土方数量)	1. 挖装 2. 整修边坡 3. 施工排水(如需) 4. 运输 5. 弃方处理(如需)
-b	挖石方	m^3	按路线中线长度乘以设计开挖断面面积的天然密实体积计算(设计图提供的挖石方数量)	1. 石方爆破、挖装、解小、排险 2. 运输 3. 排水(如需) 4. 弃方处理(如需) 5. 整修边坡
-c	挖除非适用材料(不含淤泥、垃圾)	m^3	按设计图提供或所示,以设计断面天然密实体积计算	1. 挖装 2. 运输 3. 排水 4. 挖掘机场内支垫(如需) 5. 弃方处理
-d	挖除淤泥	m^3		
-e	挖除垃圾	m^3		
204-1	路基填筑(包括填前压实)			
-a	换填土(低填浅挖路段)	m^3	按设计图提供或所示,以设计断面天然密实体积计算	1. 不良土的翻挖、运弃 2. 填前压实 3. 利用方或借方填筑
-b	利用方	m^3	按设计图所示,以设计断面压实体积计算(不含低填浅挖路段工程量)	1. 摊平、碾压 2. 洒水(如需)
-c	借方	m^3		1. 外购土(乘以压实系数) 2. 摊平、碾压 3. 洒水(如需)

续上表

清单　第200章　路基				
子目号	子目名称	计量单位	工程量计算规则	计价工程内容
-d1	结构物台背回填（回填透水性材料）	m^3	按设计图所示的台背及锥坡回填范围，以压实体积计算	1. 外购回填材料（乘以压实系数） 2. 摊平、碾压、养护（如需）
-d2	结构物台背回填（回填水泥稳定料）	m^3		
-e	锥坡及台前溜坡填土	m^3	按设计图纸所示范围，以压实体积计量	1. 外购土（乘以压实系数） 2. 摊平、碾压
-f1	冲击碾压（15遍）	m^2	按设计图所示，以设计断面面积计算	整平、碾压、再整平
-f2	冲击碾压（20遍）	m^2		
-g1	路床处理（石灰土）	m^3	按设计图所示，以设计断面压实体积计算	掺灰、翻拌、闷料、摊平、碾压、养护
-g2	路床处理（水泥土）	m^3		
204-2	改路、改河、改渠填筑			
-a	利用方	m^3	按设计图所示，以设计断面压实体积计算	1. 摊平、碾压 2. 洒水（如需）
-b	借方	m^3	按设计图所示，以设计断面压实体积计算	1. 外购土（乘以压实系数） 2. 摊平、碾压 3. 洒水（如需）
204-3	沉降及变位监测设施			
-a	沉降监测设施	套	按设计图所示，不分规格和高低以套为单位计算	1. 设施加工 2. 设施埋设、接高、维护
-b	位移监测设施	套		
205-1	软土地基处理			
-a	抛石挤淤	m^3	按设计图所示，以抛石体积的片石数量计算	抛填片石、整平、碾压、再整平
-b1	碎石垫层	m^3	按设计图所示，以粒料（碎石、砂、砂砾）的压实体积计算	1. 铺筑（含外购材料）、整平、碾压、再整平 2. 场内倒运（如需）
-b2	砂垫层	m^3		
-b3	砂砾垫层	m^3		
-c	灰土垫层	m^3	按设计图所示，以灰土（石灰土、二灰土等）的压实体积计算	掺灰、翻拌、闷料、摊平、碾压、养护
-d	预压与超载预压	m^2	按设计图所示，以路基设计顶面以上部分的堆载预压面积计算	堆载（不计堆载材料）、沉降观测、卸载
-e	真空预压	m^2		1. 拆安排水管、铺设砂垫层及薄膜、抽真空 2. 帷幕（如需）
-f	真空堆载联合预压	m^2		1. 拆安排水管、铺设砂垫层及薄膜、抽真空 2. 堆载（不计堆载材料）、卸载 3. 帷幕（如需）

续上表

清单 第200章 路基				
子目号	子 目 名 称	计量单位	工程量计算规则	计价工程内容
-g	袋装砂井	m	按设计图所示,以不同孔径的设计深(长)度计算	1. 打钢管、下砂袋、拔钢管 2. 门架(如需)
-h	塑料排水板	m	按设计图所示,以设计深(长)度之和计算(不计伸入垫层内长度)	轨道铺设,装、拆、移动及固定机架、安装塑料排水板、沉管插板、拔管、塑板连接、切断、孔口长度预留及伸入垫层
-i	碎石桩	m	按设计图所示,以设计深(长)度之和计算	振冲填碎石
-j	砂桩	m		打拔钢管、管内填水加沙
-k	浆喷桩(水泥搅拌桩)	m	按设计图所示,以设计深(长)度之和计算	场地清理,装、拆、移动及固定机架,成孔搅拌喷浆、提升、二次搅拌、复打
-l	CFG 桩	m		整平、钻孔或沉管、混凝土配运料、拌和、灌注、凿桩头
-m	高压旋喷桩	m		场地清理,装、拆、移动及固定机架,成孔搅拌喷粉
-n	预应力管桩	m		整平场地,设备安装、移位、拆除,预应力管打入(压入)、接桩(截桩)
-o	强夯	m^2	按设计图所示,以路基设计顶面面积计算	整平场地、夯击、二次整平场地
-p	强夯置换	m^3	按设计图所示,以置换体积计算	整平场地、夯击、填片石、二次整平场地
-q	沉降补方	m^2	按设计图所示,以设计沉降数量计算	1. 补方 2. 路基整修
-r	土工格栅	m^2	按设计图所示,以设计单层净面积计算(不计搭接卷边增加面积)	下承面清理平整、土工材料铺设、固定
-s	土工织物	m^2		
205-4	膨胀土处理	m^3	按设计图所示,以处理体积计算	掺灰、翻拌、摊平、碾压、养护
205-6	盐渍土处理	m^3	按设计图所示,以处理体积计算	1. 挖装 2. 运输 3. 换填(借方或利用方)、压实
207-1	边沟(碟形及梯形等)			
-a	M…浆砌片石边沟	m	按设计图所示,以不同规格边沟设计长度之和计算	1. 开挖 2. 铺砂砾垫层 3. 拌运砂浆、砌筑、养护

续上表

清单　第200章　路基				
子目号	子 目 名 称	计量单位	工程量计算规则	计价工程内容
-b	M…浆砌混凝土预制块边沟	m		1. 开挖 2. 铺砂砾垫层 3. 混凝土拌和 4. 混凝土运输 5. 预制混凝土块(或外购预制块) 6. 运输 7. 砌筑、养护 8. 拌和站安拆(摊销)或补助
-c	C…现浇混凝土边沟	m		1. 开挖 2. 混凝土拌和 3. 混凝土运输 4. 模板装拆、混凝土浇筑、养护 5. 拌和站安拆(摊销)或补助
207-2	排水沟(矩形)			
-a	M…浆砌片石排水沟	m	按设计图所示,以不同规格排水沟设计长度计算	1. 开挖 2. 铺砂砾垫层 3. 拌运砂浆、砌筑、养护
-b	M…浆砌混凝土预制块排水沟	m		1. 开挖 2. 铺砂砾垫层 3. 混凝土拌和 4. 混凝土运输 5. 预制混凝土块(或外购预制块) 6. 运输 7. 砌筑、养护 8. 拌和站安拆(摊销)或补助
-c	C…现浇混凝土排水沟	m		1. 开挖 2. 混凝土拌和 3. 混凝土运输 4. 模板装拆、混凝土浇筑、养护 5. 拌和站安拆(摊销)或补助
-d	C…矩形盖板	m		1. 盖板钢筋 2. 混凝土拌和 3. 混凝土运输 4. 预制 5. 运输 6. 安装 7. 拌和站安拆(摊销)或补助
207-3	截水沟			

续上表

清单 第200章 路基				
子目号	子目名称	计量单位	工程量计算规则	计价工程内容
-a	M…浆砌片石截水沟	m	按设计图所示，以不同规格截水沟设计长度计算	1. 开挖 2. 铺砂砾垫层 3. 砌筑、养护
-b	C…混凝土截水沟	m		1. 开挖 2. 混凝土拌和 3. 混凝土运输 4. 模板装拆、混凝土浇筑、养护 5. 拌和站安拆(摊销)或补助
207-4	急流槽(含蒸发池、跌水)			
-a	M…浆砌片石急流槽	m	按设计图所示，以设计急流槽长度(水流进出口间坡长)计算	1. 铺砌开挖 2. 铺砂砾垫层 3. 砌筑、养护
-b	C…混凝土急流槽	m		1. 铺砌开挖 2. 混凝土拌和 3. 混凝土运输 4. 模板装拆、混凝土浇筑、养护 5. 拌和站安拆(摊销)或补助
207-5	路基盲(渗)沟			
-a	…mm×…mm 带管材盲(渗)沟	m	按设计图所示，以不同规格盲沟设计长度计算	1. 开挖盲沟槽、铺设土工布、回填碎石、填土夯实 2. 埋透水管(如需)
-b	…mm×…mm 无管材盲(渗)沟	m		
207-6	涵洞上下游改沟、改渠铺砌	m^3	按设计图所示，以体积计算	1. 土方开挖 2. 铺砂砾垫层 3. 砌筑、养护
207-7	混凝土坡面排水结构物	m^3	按设计图所示，以体积计算	1. 开挖 2. 混凝土拌和 3. 混凝土运输 4. 模板装拆、混凝土浇筑、养护 5. 拌和站安拆(摊销)或补助
208-1	植被护坡			
-a	种草	m^2	按设计图所示，以不同种类草籽(皮)设计播(铺)植的坡面防护面积计算	1. 铺设种植土(如需) 2. 边坡整理、播草籽(铺草皮)、初期养护 3. 成活期养护
-b	三维植被网	m^2	按设计图所示，以坡面防护面积之和计算	边坡整理、铺网、固定

续上表

清单　第200章　路基				
子目号	子 目 名 称	计量单位	工程量计算规则	计价工程内容
-c	客土喷播	m^2	按设计图所示，以设计不同喷播植被种类和厚度的坡面防护面积之和计算	边坡整理、喷播、初期养护
-d	土工格室植草灌	m^2	按设计图所示，以设计不同土工格室植被种类和厚度的坡面防护面积之和计算	1. 平整坡面、铺设、连接、固定土工格室 2. 铺设植土、喷播植草灌、初期养护 3. 成活期养护
-e	植生袋植草灌	m^2	按设计图所示，以设计不同土工格室植被种类和厚度的坡面防护面积之和计算	1. 平整坡面、铺设、连接、固定土工格室 2. 铺设植土、喷播植草灌、初期养护 3. 成活期养护
208-2	干砌片石	m^3	按设计图所示，以砌体体积计算	1. 开挖 2. 砌筑
208-3	浆砌片石护坡	m^3	按设计图所示，以砌体体积计算	1. 开挖 2. 铺筑垫层 3. 砌筑、养护
-a	M…骨架护坡（拱形、菱形）	m^3	按设计图所示，以设计不同类型骨架护坡的砌体体积之和（含襟边）计算	1. 铺砌开挖 2. 铺筑垫层 3. 混凝土拌和 4. 混凝土运输 5. 预制混凝土块（或外购预制块） 6. 运输 7. 砌筑、养护 8. 拌和站安拆（摊销）或补助
-b	M…满砌护坡	m^3	按设计图所示，以设计满砌护坡的砌体体积之和（含襟边）计算	
208-4	混凝土护坡	m^3		
-a	C…预制混凝土护坡	m^3	按设计图所示，以设计体积计算	1. 铺砌开挖 2. 铺筑垫层 3. 混凝土拌和 4. 混凝土运输 5. 预制混凝土块（或外购预制块） 6. 运输 7. 砌筑、养护 8. 拌和站安拆（摊销）或补助
-b	C…预制空心砖护坡	m^3		
-c	C…预制六棱砖护坡	m^3		
-d	C…现浇骨（构）架护坡	m^3		1. 铺砌开挖 2. 铺筑垫层 3. 混凝土拌和 4. 混凝土运输 5. 模板装拆、混凝土浇筑、养护 6. 拌和站安拆（摊销）或补助

续上表

清单 第200章 路基				
子目号	子 目 名 称	计量单位	工程量计算规则	计价工程内容
208-5	护面墙	m^3		
-a	M…浆砌片石护面墙	m^3	按设计图所示,以设计片(块)石砌体体积计算	1. 基础开挖 2. 铺筑垫层(如有) 3. 砌筑、养护
-b	M…浆砌块石护面墙	m^3		
-c	C…混凝土护面墙	m^3	按设计图所示,以设计混凝土墙体积计算	1. 基础开挖 2. 铺筑垫层(如有) 3. 混凝土拌和 4. 混凝土运输 5. 搭设脚手架、模板装拆,钢筋制作、安装,混凝土浇筑、养护 6. 拌和站安拆(摊销)或补助
209-1	砌体挡土墙			
-a	M…浆砌片石挡土墙	m^3	按设计图所示,以设计片(块)石砌体体积计算	1. 基坑开挖 2. 拌运砂浆、砌筑、养护 3. 防渗层、泄水层、填心
-b	M…浆砌块石挡土墙	m^3		
-c	M…浆砌料石挡土墙	m^3		
-d	砂砾垫层	m^3	按设计图所示,以体积计算	铺筑垫层
209-3	混凝土挡土墙			
-a	C…现浇混凝土	m^3	按设计图所示,以设计挡土墙混凝土体积计算	1. 基坑开挖 2. 搭设脚手架、模板装拆、混凝土浇筑、养护 3. 防渗层、泄水层、填心 4. 混凝土拌和 5. 混凝土运输 6. 拌和站安拆(摊销)或补助
-b	C…现浇片石混凝土	m^3		1. 基坑开挖 2. 搭设脚手架、模板装拆、混凝土浇筑、养护(抽换片石混凝土材料消耗) 3. 防渗层、泄水层、填心 4. 混凝土拌和 5. 混凝土运输 6. 拌和站安拆(摊销)或补助
-c	钢筋	kg	按设计图所示,以设计质量计算	钢筋制作安装
-d	砂砾垫层	m^3	按设计图所示,以体积计算	铺筑垫层
211-1	加筋土挡土墙	m^3		

续上表

<table>
<tr><th colspan="5">清单　第 200 章　路基</th></tr>
<tr><th>子目号</th><th>子 目 名 称</th><th>计量单位</th><th>工程量计算规则</th><th>计价工程内容</th></tr>
<tr><td>-a</td><td>C…片石混凝土基础</td><td>m^3</td><td rowspan="4">按设计图所示，以设计混凝土（砌体）体积计算</td><td>1. 基坑开挖、回填
2. 混凝土拌和
3. 混凝土运输
4. 混凝土浇筑、养护（抽换片石混凝土材料消耗）
5. 拌和站安拆（摊销）或补助</td></tr>
<tr><td>-b</td><td>C…混凝土基础</td><td>m^3</td><td>1. 基坑开挖、回填
2. 混凝土拌和
3. 混凝土运输
4. 混凝土浇筑、养护
5. 拌和站安拆（摊销）或补助</td></tr>
<tr><td>-c</td><td>C…混凝土墙面板</td><td>m^3</td><td>1. 混凝土拌和
2. 混凝土运输
3. 预制
4. 钢筋
5. 运输
6. 安装
7. 拌和站安拆（摊销）或补助</td></tr>
<tr><td>-d</td><td>C…钢筋混凝土带</td><td>m^3</td><td rowspan="2">铺设（含外购材料）</td></tr>
<tr><td>-e</td><td>土工带</td><td>m^2</td><td>按设计图所示，以土工带面积计算</td></tr>
<tr><td>212-3</td><td>坡面防护</td><td></td><td></td><td></td></tr>
<tr><td>-a</td><td>厚…mm 喷射混凝土</td><td>m^2</td><td rowspan="2">按设计图所示，以设计防护面积计算</td><td>1. 坡面清理、脚手架搭拆、喷射、养护
2. 混凝土拌和
3. 混凝土运输
4. 拌和站安拆（摊销）或补助</td></tr>
<tr><td>-b</td><td>厚…mm 喷射水泥砂浆</td><td>m^2</td><td>坡面清理、脚手架搭拆，砂浆拌和、运输、喷射、养护</td></tr>
<tr><td>213-1</td><td>预应力锚索</td><td>m</td><td>按设计图所示，以设计锚索长度计算（两锚固端间的理论长度）</td><td>场地清理、钻孔、清孔及锚索制作安装（含护套）、张拉、注浆、锚固、封端</td></tr>
<tr><td>213-2</td><td>预应力锚杆</td><td>m</td><td>按设计图所示，以设计锚杆长度计算</td><td>场地清理、钻孔、清孔及锚杆制作安装、张拉、注浆、锚固、封端</td></tr>
<tr><td>213-3</td><td>混凝土锚固板</td><td>m^3</td><td>按设计图所示，以设计锚固板体积计算</td><td>场地清理、挖基、锚固板预制、安装</td></tr>
<tr><td>213-4</td><td>主动柔性防护网（不含固定系统）</td><td></td><td></td><td></td></tr>
</table>

续上表

<table>
<tr><th colspan="5">清单　第200章　路基</th></tr>
<tr><th>子目号</th><th>子 目 名 称</th><th>计量单位</th><th>工程量计算规则</th><th>计价工程内容</th></tr>
<tr><td>-a</td><td>钢丝绳网</td><td>m^2</td><td rowspan="2">按设计图所示,以防护面积计算</td><td rowspan="2">整修边坡,钢筋网制作、安装</td></tr>
<tr><td>-b</td><td>钢丝格栅</td><td>m^2</td></tr>
<tr><td>213-5</td><td>被动柔性防护网（含固定系统）</td><td>m^2</td><td>按设计图所示,以防护面积计算</td><td>整修边坡,钢筋网制作、安装、锚固</td></tr>
<tr><td>215-1</td><td>浆砌片石河床铺砌（M…）</td><td>m^3</td><td rowspan="6">按设计图所示,以体积计量</td><td rowspan="4">1. 排水
2. 围堰（如需）
3. 铺筑垫层
4. 砌筑、抹面、养护</td></tr>
<tr><td>215-2</td><td>浆砌片石顺坝（M…）</td><td>m^3</td></tr>
<tr><td>215-3</td><td>浆砌片石丁坝（M…）</td><td>m^3</td></tr>
<tr><td>215-4</td><td>浆砌片石调水坝（M…）</td><td>m^3</td></tr>
<tr><td>215-5</td><td>浆砌片石锥（护）坡（M…）</td><td>m^3</td><td rowspan="2">1. 排水
2. 围堰（如需）
3. 铺筑垫层
4. 砌筑</td></tr>
<tr><td>215-6</td><td>干砌片（块）石</td><td>m^3</td></tr>
<tr><td>215-7</td><td>抛片（块）石</td><td>m^3</td><td></td><td>抛片（块）石</td></tr>
</table>

3.4　第300章　路面工程

3.4.1　一般规定

（1）本章为路面工程,主要包括各种垫层、底基层、基层和面层;路面及中央分隔带排水施工;培土路肩、中央分隔带回填及路缘石设置,以及修筑路面附属设施等有关作业。

（2）路面各结构层均按不同厚度分列工程子目,统一按不同厚度相应的顶面面积计算和计量。

（3）沥青混凝土和水泥混凝土路面中的改性剂等各种外掺材料,均包含在相应的工程子目中,不另行计量。

（4）沥青混合料、水泥混凝土和基层、底基层混合料拌和场站、贮料场的建设、拆除、恢复均包括在相应的工程子目中,不另行计量。就近租赁社会拌和站的,拌和站的安拆费用以市场加工价格的形式进行摊销。

（5）水泥混凝土路面中的模板、缩缝、胀缝的制作及填灌缝,以及养护用的养护剂、覆盖的麻袋、养护器材等,均包含在浇筑不同厚度水泥混凝土面层的工程子目中,不另行计量,但补强钢筋及传力杆、拉杆等钢筋应单独计算和计量。

3.4.2　计价规则

第300章工程量计算规则、计价内容及计量规则应按表3.4-1的规定执行。

第300章　路面

表3.4-1

清单　第300章　路面				
子目号	子 目 名 称	计量单位	工程量计算规则	计价工程内容
302-1	碎石垫层			
-a	厚150mm	m^2	按设计图所示，以设计相应厚度顶面面积计算	铺筑、整形、洒水、碾压
-b	厚…mm	m^2		
302-2	砂砾垫层			
-a	厚150mm	m^2	按设计图所示，以设计相应厚度顶面面积计算	铺筑、整形、洒水、碾压
-b	厚…mm	m^2		
302-5	级配碎石垫层			
-a	厚150mm	m^2	按设计图所示，以设计相应厚度顶面面积计算	1. 拌和 2. 运输 3. 清理下承层、摊铺、碾压 4. 拌和站安拆(摊销)或补助
-b	厚…mm	m^2		
302-6	水泥混凝土路面碎石化	m^2	按设计图所示，以破碎面积计算	破碎、整平、压实
304-1	水泥稳定类底基层			
-a	风化砂			
-a1	厚160mm	m^2	按设计图所示，以设计相应厚度顶面面积计算	1. 拌和 2. 运输 3. 清理下承层、摊铺、碾压、养护 4. 支方木或槽钢 5. 拌和站安拆(摊销)或补助
-a2	厚…mm	m^2		
-b	风化砂掺30%碎石			
-b1	厚160mm	m^2	按设计图所示，以设计相应厚度顶面面积计算	
-b2	厚…mm	m^2		
304-2	搭板下水泥稳定类底基层	m^2	按设计图所示，以设计相应厚度顶面面积计算	
304-3	水泥稳定类基层			
-a	风化砂掺30%碎石	m^2		
-a1	厚170mm	m^2	按设计图所示，以设计相应厚度顶面面积计算	1. 拌和 2. 运输 3. 清理下承层、摊铺、碾压、养护 4. 支方木或槽钢 5. 拌和站安拆(摊销)或补助
-a2	厚…mm	m^2		
-b	级配碎石	m^2		
-b1	厚170mm	m^2	按设计图所示，以设计相应厚度顶面面积计算	1. 拌和 2. 运输 3. 清理下承层、摊铺、碾压、养护 4. 支方木或槽钢 5. 拌和站安拆(摊销)或补助
-b2	厚…mm	m^2		
306-1	级配碎石底基层			

续上表

清单 第300章 路面				
子目号	子 目 名 称	计量单位	工程量计算规则	计价工程内容
-a	厚150mm	m^2	按设计图所示，以设计相应厚度顶面面积计算	1. 拌和 2. 运输 3. 清理下承层、摊铺、碾压、养护 4. 支方木或槽钢 5. 拌和站安拆（摊销）或补助
-b	厚…mm	m^2		
306-3	级配碎石基层	m^2		
-a	厚180mm	m^2	按设计图所示，以设计相应厚度顶面面积计算	1. 拌和 2. 运输 3. 清理下承层、摊铺、碾压、养护 4. 支方木或槽钢 5. 拌和站安拆（摊销）或补助
-b	厚…mm	m^2		
307-1	沥青稳定碎石基层（ATB-25）			
-a	厚80mm	m^2	按设计图所示，以设计相应厚度顶面面积计算	1. 拌和 2. 运输 3. 清理下承层、摊铺、碾压、养护 4. 支方木或槽钢 5. 拌和站安拆（摊销）或补助
-b	厚…mm	m^2		
307-2	沥青稳定碎石基层（LSPM-30）			
-a	厚100mm	m^2	按设计图所示，以设计相应厚度顶面面积计算	1. 拌和 2. 运输 3. 清理下承层、摊铺、碾压、养护 4. 拌和站安拆（摊销）或补助
-b	厚…mm	m^2		
308-1	透层	m^2	按设计图所示，以设计喷洒面积计算（有多层时应分别计算）	清理下承层、洒布
308-2	黏层	m^2		
309-1	细粒式沥青混凝土			
-a	厚40mm	m^2	按设计图所示，以设计相应厚度顶面面积计算	1. 拌和 2. 运输 3. 清理下承层、摊铺、碾压、养护 4. 拌和站安拆（摊销）或补助
-b	厚…mm	m^2		
309-2	中粒式沥青混凝土	m^2		
-a	厚50mm	m^2	按设计图所示，以设计相应厚度顶面面积计算	1. 拌和 2. 运输 3. 清理下承层、摊铺、碾压、养护 4. 拌和站安拆（摊销）或补助
-b	厚…mm	m^2		
309-3	粗粒式沥青混凝土			
-a	厚60mm	m^2	按设计图所示，以设计相应厚度顶面面积计算	1. 拌和 2. 运输 3. 清理下承层、摊铺、碾压、养护 4. 拌和站安拆（摊销）或补助
-b	厚…mm	m^2		

续上表

清单　第300章　路面				
子目号	子 目 名 称	计量单位	工程量计算规则	计价工程内容
310-1	沥青表面处治			
-a	厚…mm	m^2	按设计图所示，以设计相应封层面积计算	清理下承层、表面处治、养护
310-2	封层	m^2		
-a	层铺法沥青表处封层	m^2	按设计图所示，以设计相应厚度顶面面积计算	清理下承层、沥青加热、运油、洒油、撒矿料、铺料、碾压、找补、养护
-b	稀浆封层	m^2	按设计图所示，以设计相应厚度顶面面积计算	清理下承层、拌和、摊铺、压实、养护
-c	沥青碎石同步封层	m^2	按设计图所示，以设计相应厚度顶面面积计算	1. 碎石预拌、运输（如有） 2. 清理下承层、撒布、压实、养护
311-1	细粒式改性沥青混凝土			
-a	厚40mm	m^2	按设计图所示，以设计相应厚度顶面面积计算	1. 拌和 2. 运输 3. 清理下承层、摊铺、碾压、养护 4. 拌和站安拆（摊销）或补助
-b	厚…mm	m^2		
311-2	中粒式改性沥青混凝土			
-a	厚50mm	m^2	按设计图所示，以设计相应厚度顶面面积计算	1. 拌和 2. 运输 3. 清理下承层、摊铺、碾压、养护 4. 拌和站安拆（摊销）或补助
-b	厚…mm	m^2		
311-3	沥青玛蹄脂（SMA）路面			
-a	厚40mm	m^2	按设计图所示，以设计相应厚度顶面面积计算	1. 拌和 2. 运输 3. 清理下承层、摊铺、碾压、养护 4. 拌和站安拆（摊销）或补助
-b	厚…mm	m^2		
312-1	水泥混凝土面板			
-a	厚200mm（混凝土弯拉强度…MPa）	m^2	按设计图所示，以设计相应厚度顶面面积计算	1. 模板制作、安装、拆除、混凝土浇筑、捣固、抹平、压（刻）纹、切缝、灌缝、养护 2. 混凝土拌和 3. 混凝土运输 4. 拌和站安拆（摊销）或补助
-b	厚…mm（混凝土弯拉强度…MPa）	m^2		
312-2	钢筋（HPB300，HRB335）	kg	按设计图所示及钢筋表所列，以补强及其支架钢筋的重量计算（不计搭接重量）	拉杆、传力杆、构造、补强钢筋制作、安装
312-3	混凝土基层	kg		

续上表

清单 第300章 路面				
子目号	子 目 名 称	计量单位	工程量计算规则	计价工程内容
-a	厚180mm(混凝土弯拉强度…MPa)	m^2	按设计图所示，以设计相应厚度顶面面积计算	1. 混凝土拌和 2. 混凝土运输 3. 混凝土浇筑、捣固、切缝、养护 4. 拌和站安拆(摊销)或补助
-b	厚…mm(混凝土弯拉强度…MPa)	m^2		
313-1	培土路肩	m^3	按设计图所示，以设计压实体积计算	1. 外购种植土 2. 挂线、培肩、压实
313-2	中央分隔带回填土	m^3		
313-3	现浇混凝土土路肩(厚…mm)	m	按设计图所示，以设计不同加固厚度的顶面面积之和计算	1. 混凝土拌和 2. 混凝土运输 3. 立模、混凝土浇注、养护 4. 拌和站安拆(摊销)或补助
313-4	预制混凝土土路肩(厚…mm)	m		1. 混凝土拌和 2. 混凝土运输 3. 预制 4. 运输 5. 砌筑 6. 拌和站安拆(摊销)或补助
313-5	路缘石			
-a	混凝土			
-a1	平缘石	m	按设计图所示，以设计每侧路缘石沿路线长度之和计算	1. 混凝土基础垫层(如需) 2. 混凝土拌和 3. 混凝土运输 4. 预制路缘石 5. 运输 6. 安装 7. 拌和站安拆(摊销)或补助
-a2	立缘石	m		
-b	石质			
-b1	平缘石	m	按设计图所示，以设计每侧路缘石沿路线长度之和计算	1. 外购、安装路缘石 2. 混凝土拌和(如需) 3. 混凝土运输(如需) 4. 混凝土基础垫层浇筑(如需) 5. 拌和站安拆(摊销)或补助(如需)
-b2	立缘石	m		
-b3	异形石	m		
314-1	排水管			
-a	PVC-U管(φ…mm)	m	按设计图所示，以设计不同孔径管材长度(水流进出口间长度)之和计算	1. 开挖、回填 2. 混凝土拌和 3. 混凝土运输 4. 基底清理夯实、基础混凝土浇筑、养护 5. 铺设 6. 拌和站安拆(摊销)或补助
-b	铸铁管(φ…mm)	m		
-c	混凝土管(φ…mm)	m		
-d	HDPE (φ…mm)	m		

续上表

清单　第300章　路面				
子目号	子 目 名 称	计量单位	工程量计算规则	计价工程内容
314-2	纵向排水			
-a	雨水管			
-a1	ϕ…mm	m	按设计图所示，以设计不同断面尺寸雨水沟（管）沿路线长度之和计算	开挖、安放排水管、回填
-b	雨水沟			
-b1	…mm×…mm	m	按设计图所示，以设计不同断面尺寸雨水沟（管）沿路线长度之和计算	1. 开挖、回填 2. 混凝土拌和 3. 混凝土运输 4. 模板装、拆、混凝土浇筑 5. 盖板预制 6. 运输 7. 盖板安装 8. 拌和站安拆（摊销）或补助
314-3	集水井			
-a	混凝土集水井	座	按设计图所示，以设计不同断面尺寸集水井座数之和计算	1. 开挖、回填 2. 混凝土拌和 3. 混凝土运输 4. 集水井砌筑（现浇） 5. 井盖制作（雨箅子）、安装 6. 拌和站安拆（摊销）或补助
-b	砖砌集水井	座		
314-4	中央分隔带渗沟	m	按设计图所示，以设计不同断面尺寸雨水沟（管）沿路线长度之和计算	开挖、安放排水管、填碎石、铺设土工布、回填
314-5	防水层			
-a	沥青油毡	m^2	按设计图所示，以设计铺设的净面积（不计入按规范要求的搭接卷边部分）计算	粘贴沥青油毡、涂刷沥青
-b	土工布	m^2		铺设
314-6	路肩排水沟			
-a	混凝土路肩排水沟	m	按设计图所示，以设计管（沟）沿路线长度计算	1. 开挖、回填 2. 混凝土拌和 3. 混凝土运输 4. 模板装、拆、混凝土浇筑 5. 拌和站安拆（摊销）或补助
-b	砂砾垫层	m^3	按设计图所示，以设计压实体积计算	1. 外购砂砾 2. 铺料、整平
-c	土工布	m^2	按设计图所示，以设计铺设的净面积（不计入按规范要求的搭接卷边部分）计算	铺设
314-7	拦水带			

续上表

清单　第300章　路面				
子目号	子 目 名 称	计量单位	工程量计算规则	计价工程内容
-a	沥青混凝土拦水带	m	按设计图所示，以设计每侧拦水带沿路线长度之和计算	1. 开挖、铺筑 2. 拌和 3. 运输 4. 拌和站安拆(摊销)或补助
-b	水泥混凝土拦水带	m		1. 开挖、浇筑 2. 拌和 3. 运输 4. 拌和站安拆(摊销)或补助

3.5　第400章　桥梁、涵洞工程

3.5.1　一般规定

(1)本章为桥梁、涵洞工程，包括桥梁、涵洞及其附属结构物的施工，主要有非常规试验检测、结构钢筋、基础工程、混凝土上下部构造、预应力钢材、预应力混凝土上下部构造、钢结构上部构造、砌石工程、桥面铺装、桥梁支座、伸缩缝装置、涵洞工程等内容。

(2)本章所列工程项目涉及的养护、场地清理、吊装设备、拱盔、挂篮、支架、工作平台、脚手架的搭设及拆除、模板的安装及拆除，均包括在相应工程项目内，不另行计量(招标文件有特殊规定的除外)。

(3)混凝土拌和场站、构件预制场的建设、拆除、恢复，预应力张拉台座的设置及拆除，设备的安装架设均包括在相应子目中，贮料场相关费用包含在标准化工地建设中，不另行计量。

(4)试验检测包括钻取混凝土芯样、桩的检验荷载试验、桩的破坏荷载试验等非常规试验检测内容。其中，钻取的混凝土芯样，经检验，如混凝土质量合格时予以计量，否则不予计量。

(5)钢筋包括基础钢筋(包括灌注桩、承台、底系梁、沉桩、沉井等)、下部结构钢筋(包括立柱、墩台身、墩台帽、盖梁、耳背墙、中系梁等)、上部结构钢筋(包括现浇和预制梁或板、整体化结构、桥面铺装等)及附属结构钢筋(包括搭板、枕梁、护栏、栏杆、人行道、缘石、支座垫石及抗震挡块等)的供应、试验、储存、加工及安装等有关作业，其中的钢筋及钢筋骨架用的铁丝、钢板、套筒(连接套)、焊接、钢筋垫块或其他固定钢筋的材料，以及钢筋的防(除)锈、截取、套丝、弯曲、场内运输、安装等，作为钢筋工程的附属工作，不另行计量。

(6)基础挖方及回填包括结构物(不含以延米计量的涵洞)基坑(含承台、系梁等)的开挖与回填，以及与之有关的场地清理、支护(撑)、排水、围堰等作业(以施工图纸设计工程量计价后摊销)，招标文件有特殊规定的除外。

(7)钻(挖)孔灌注桩包括钻(挖)孔、安设和拆除护筒(孔壁支撑及护壁)、安设钢筋笼、灌注混凝土以及按图纸规定及监理工程师指示的有关钻孔灌注桩的其他作业。其中，混凝土桩的无破损检测及所预埋的钢管等材料，均作为混凝土桩的附属工作，不另行

计量。

(8)沉桩包括钢筋混凝土桩、预应力混凝土桩、钢管桩的制作、养护(防护)、移运、沉入等以及按图纸规定及监理工程师指示的有关沉桩的其他作业。其中,沉桩的无破损检验作为沉桩工程的附属工作,不另行计量。

(9)钻(挖)孔灌注桩、沉桩所需的筑岛(围堰、钢平台)、拆除、清理等有关作业作为桩基的附属工作(以施工图纸设计工程量计价后摊销),不另行计量。

(10)沉井包括施工场地准备、筑岛、沉井的制作、沉井下沉、基底处理、沉井封底、井孔填充、沉井顶板浇筑等,以及按图纸规定及监理工程师指示的沉井有关作业。其中,沉井刃脚所用钢材,作为沉井的附属工程材料,不另行计量。

(11)结构混凝土工程包括基础(不含桩基、沉井等)、下部结构、上部结构(不含桥面铺装)、附属结构等结构混凝土的材料供应和拌和、支架、立模、浇筑、拆模、修整、养护和质量要求等有关作业。其中,混凝土中直径小于20cm的管子、钢筋、锚固件、管道、泄水孔或桩所占混凝土体积不予扣除;作为砌体砂浆的小石子混凝土,不另行计量;为完成结构物所用的施工缝连接钢筋、预制场地、预制构件的预埋钢板、防护角钢或钢板、脚手架或支架及模板、排水设施、防水处理、基础底碎石垫层、混凝土养护、混凝土表面修整及为完成结构物的其他杂项子目,以及混凝土预制构件的安装架设设备拼接、移运、拆除和为安装所需的临时性或永久性的固定扣件、钢板、焊接、螺栓等,均作为各项相应混凝土工程的附属工作,不另行计量。

(12)预应力混凝土工程主要包括预应力混凝土下部结构、预应力混凝土上部结构及钢结构等工程内容,工作内容包括预应力钢材(包括钢丝、钢绞线、热轧钢筋、精轧螺纹粗钢筋)的供应、加工、冷拉、安装、张拉及封锚等作业;先张法预应力混凝土张拉台座的建造;后张法预应力混凝土(或钢结构)预应力系统(锚具、连接器及相应的预应力钢材)的选择、试验及供应,管道形成及灌浆;预应力混凝土的浇筑或预制安装、钢结构的制作安装等。其中,预应力钢材的加工、锚具(包括锚圈、夹片、连接器、螺栓、垫板、喇叭管、螺旋钢筋等整套部件)、管道、定位筋、护套、支架、锚板及连接钢板、张拉、压浆、封锚等,作为预应力钢材的附属工作,不另行计量;预应力混凝土同时应符合第4款规定。

(13)现浇混凝土模板支撑以施工图纸设计的支架(含门洞)计算后摊销,支架包括支架基础的处理,作为现浇混凝土工程的附属工作,不另行计量。如设计模板支撑采用挂篮、滑模形式的,以相应的设计模板支撑形式摊销替换支架搭设、预压、地基处理的摊销。

(14)砌石工程包括石砌及混凝土预制块砌桥梁墩台、翼墙、拱圈等的砌筑。计算各类砌体体积时,所用尺寸应由图纸所标明或监理工程师书面规定的计价线或计价体积确定;相邻不同石砌体计量中,应各包括不同石砌体间灰缝体积的一半;镶面石突出部分超过外廓线者不予计量;泄水孔、排水管或其他面积小于0.02m^2的孔眼不予扣除,削角或其他装饰的切削,其数量为所用石料的5%或少于5%者,不予扣除;砌体的砂浆或作为砂浆的小石子混凝土,垫铺材料的提供和设置,拱架、支架及砌体的勾缝,作为砌体工程的附属工作,不另行计量。

(15)小型钢构件包括桥梁及其他公路构筑物,除钢筋及预应力钢筋以外的小型钢构件(如管道支架等)的供应、制造、保护和安装,作为相关工程子目内的附属工作,不另行计量。

(16)桥面铺装包括水泥混凝土和沥青混凝土桥面铺装及与之配套的桥面处理(不包括桥面防水)等内容。其中,混凝土桥面铺装接缝、泄水管等作为桥面铺装的附属工作,不另行计量。

(17)桥梁支座包括桥梁板式橡胶支座、盆式橡胶支座及球形支座的供应和安装。支座按不同规格以个计量,支座的清洗、运输、起吊及安装支座所需的扣件、钢板、焊接、螺栓、黏结等,作为支座安装的附属工作,不另行计量。

(18)桥梁接缝和伸缩装置包括桥梁的所有竖向、横向或斜向接缝和伸缩装置,包括橡胶止水带、沥青类等接缝材料及桥面上伸缩装置的供应和安装。其中,除伸缩装置外的其他接缝,如橡胶止水带、沥青类接缝填料,作为有关工程子目的附属工作,不另行计量;安装时切割和清除伸缩装置范围内沥青混凝土铺装和安装伸缩装置所需的临时或永久性的扣件、钢板、钢筋、焊接、螺栓、黏结等,以及伸缩槽口混凝土的浇筑(含钢筋),作为伸缩装置安装的附属工作,不另行计量。

(19)防水处理包括桥梁工程中的混凝土或砌体表面防水处理,以及与路堤材料及路面接触的所有公路通道结构物的外表面防水处理。其中,沥青或油毛毡防水层,作为与其有关项目内的附属工作,不另行计量。

(20)涵洞工程(不含涵式通道)包括圆管涵、倒虹吸管、盖板涵、箱涵、拱涵等工程内容。其中,图纸中标明的基底垫层和基座(基础),圆管的接缝材料、沉降缝的填料与防水材料等,洞口建筑,包括八字墙、一字墙、帽石、锥坡、铺砌、跌水井以及基础挖方及运输、地基处理(不含地下软基处理)与回填、洞身铺砌等,均作为相应工程子目的附属工作,不另行计量,但洞口以外涵洞上下游沟渠的改路、改沟、铺砌、加固以及急流槽等,应列入路基工程有关子目中计量;涵洞工程所用的钢筋,均包含在各工程子目内,不另行计量。

(21)涵式通道的路基土石方、边沟、排水沟、路面工程及锥坡填筑在相关子目中计量,其余执行第20条规定。

(22)桥涵结构物基础回填范围一般指原地面以下部分的回填,不予计量。当原状土不满足回填要求时,另计借方填料费用。

(23)圆管涵、倒虹吸管地面以上部分的回填按路基填筑要求施工,在路基土石方相关子目中计量;桥涵结构物(含盖板涵、箱涵、拱涵、桥梁)原地面以上台背回填按设计图纸规定执行,图纸无规定的按如下规定执行:台背填土顺路线方向长度,底部(原地面)距基础内缘不小于2m;顶部为距翼墙尾端不小于台高加2m(有搭板的不小于搭板长度加1m),拱桥台背填土长度不应小于台高的3倍,涵洞填土长度每侧不应小于2倍孔径长度、长度不大于5m;回填厚度不小于1m,不足1m的原地面开挖部分不单独计量。

(24)就近租赁社会拌和站的,拌和站的安拆费用以市场加工价格的形式进行摊销。

3.5.2 计价规则

第400章工程量计算规则、计价内容及计量规则应按表3.5-1的规定执行。

第400章　桥梁、涵洞　　表3.5-1

清单　第400章　桥梁、涵洞				
子目号	子目名称	计量单位	工程量计算规则	计价工程内容
403-1	基础钢筋			
-a	光圆钢筋(HPB300)	kg	按设计图所示及钢筋表所列,以设计各规格钢筋的净长度计算质量	制作、场内运输、安装
-b	带肋钢筋(HRB335、HRB400)	kg		
403-2	下部结构钢筋			
-a	光圆钢筋(HPB300)	kg	按设计图所示及钢筋表所列,以设计各规格钢筋的净长度计算质量	制作、场内运输、安装
-b	带肋钢筋(HRB335、HRB400)	kg		
403-3	上部结构钢筋			
-a	光圆钢筋(HPB300)	kg	按设计图所示及钢筋表所列,以设计各规格钢筋的净长度计算质量	制作、场内运输、安装
-b	带肋钢筋(HRB335、HRB400)	kg		
-c	焊接钢筋网	kg		
403-4	附属结构钢筋			
-a	光圆钢筋(HPB300)	kg	按设计图所示及钢筋表所列,以设计各规格钢筋的净长度计算质量	制作、场内运输、安装
-b	带肋钢筋(HRB335、HRB400)	kg		
404-1	陆上挖方(无地表水)			
-a	干处挖土方(含淤泥质土)	m^3	按设计图所示,以设计开挖方量(基础所占面积周边外加宽0.5m)计算	1.基坑开挖(按地质考虑放坡)、基坑回填 2.基坑周边路面恢复(如需) 3.弃方外运(如需)
-b	干处挖石方	m^3		
-c	水下挖土方(地下水位线以下)	m^3		1.支护(沉井、钢板桩等) 2.排水 3.基坑开挖(按地质考虑放坡)、回填 4.弃方外运(如需)
-d	水下挖石方(地下水位线以下)	m^3		
404-2	水上挖方(有地表水)			
-a	挖土方	m^3	按设计图所示,以设计开挖方量(基础所占面积周边外加宽0.5m)计算	1.支护(沉井、钢板桩等) 2.排水 3.基坑开挖(按地质考虑放坡)、回填 4.弃方外运(如需)
-b	挖石方	m^3		
405-1	钻孔灌注桩			

续上表

清单 第400章 桥梁、涵洞				
子目号	子 目 名 称	计量单位	工程量计算规则	计价工程内容
-a	ϕ1.0m	m	按设计图所示，以设计桩长计算	1. 筑岛、(围堰、钢平台)、拆除、清理(如需) 2. 钻机安拆、钻孔、清孔 3. 泥浆、废渣外运 4. 护筒制作、埋设 5. 混凝土拌和 6. 混凝土运输 7. 安拆导管、灌注混凝土、凿除桩头 8. 检测管 9. 拌和站安拆(摊销)或补助
-b	ϕ1.2m	m		
-c	ϕ1.5m	m		
-d	ϕ1.8m	m		
-e	ϕ2.0m	m		
-f	ϕ…m	m		
405-2	钻取混凝土芯样，ϕ70mm	m	根据规定的钻取频率、深度及工程实施过程中的实际需要，估算需钻取的工程量	1. 钻取芯样 2. 取样检查、试验分析(必要时) 3. 取芯孔注浆(设计要求时)
405-3	破坏荷载试验用桩，ϕ…m	m	按设计图所示，以设计桩长计算	试验桩施工，同405-1
406-1	钢筋混凝土沉桩			
-a	ϕ…m	m	按设计图所示，以设计桩长计算(自桩尖高程至承台或盖梁底长度)	1. 筑岛(围堰、钢平台)、拆除、清理(如需) 2. 混凝土拌和 3. 混凝土运输 4. 桩的制作、储存 5. 运输 6. 沉桩、连接、桩头处理等 7. 拌和站安拆(摊销)或补助
-b	ϕ…m	m		
406-2	预应力混凝土沉桩			
-a	ϕ…m	m	按设计图所示，以设计桩长计算(自桩尖高程至承台或盖梁底长度)	1. 筑岛(围堰、钢平台)、拆除、清理(如需) 2. 混凝土拌和 3. 混凝土运输 4. 桩的制作、储存 5. 运输 6. 沉桩、连接、桩头处理等 7. 拌和站安拆(摊销)或补助
-b	ϕ…m	m		
406-3	试桩			
-a	ϕ…m	m	按设计图所示，以设计桩长计算	1. 筑岛(围堰、钢平台)、拆除、清理(如需) 2. 混凝土拌和 3. 混凝土运输 4. 桩的制作、储存 5. 运输 6. 沉桩、连接、桩头处理等 7. 拌和站安拆(摊销)或补助
-b	ϕ…m	m		

续上表

清单　第400章　桥梁、涵洞				
子目号	子 目 名 称	计量单位	工程量计算规则	计价工程内容
406-4	钢管桩			
-a	φ…m	m	按设计图所示，以设计桩长计算（自桩尖高程至承台或盖梁底长度）	1. 筑岛（围堰、钢平台）、拆除、清理（如需） 2. 桩的制作、防护处理、储存、搬运和装卸 3. 沉桩、桩头处理等
-b	φ…m	m		
407-1	挖孔灌注桩			
-a	φ…m	m	按设计图所示，以设计桩长计算	1. 通风、大量排水（如需） 2. 挖孔、清孔、支撑 3. 设置护壁 4. 混凝土拌和 5. 混凝土运输 6. 浇筑混凝土 7. 检测管 8. 拌和站安拆（摊销）或补助
-b	φ…m	m		
408-1	桩的检验荷载试验，直径…m（kN）	每一试桩	根据规定的检测频率及工程实施过程中的实际需要，估算需检测的工程量	加载试验、数据处理和分析
408-2	φ…m 桩破坏荷载试验（…m）	每一试桩	根据规定的检测频率及工程实施过程中的实际需要，估算需检测的工程量	加载试验、数据处理和分析
409-1	钢筋混凝土沉井			
-a	井壁混凝土（C…）	m^3	按设计图纸所示，以设计体积计算	1. 围堰筑岛 2. 混凝土拌和 3. 混凝土运输 4. 沉井制作 5. 运输 6. 沉井下水、入土下沉 7. 沉井封底、井孔填充、顶板浇筑（或安装）等相应混凝土浇筑或安装 8. 拌和站安拆（摊销）或补助
-b	顶板混凝土（C…）	m^3		
-c	填芯混凝土（C…）	m^3		
-d	封底混凝土（C…）	m^3		
410-1	混凝土基础			
-a	系梁（支撑梁）混凝土		按设计图所示，以设计结构混凝土体积计算（不计封底混凝土数量）	1. 模板制作、安装、拆除、混凝土浇筑、捣固、养护 2. 混凝土拌和 3. 混凝土运输 4. 垫层（如有） 5. 拌和站安拆（摊销）或补助
-a1	C…	m^3		
-b	承台混凝土（有封底）			
-b1	C…	m^3		
-c	承台混凝土（无封底）			
-c1	C…	m^3		
-d	基础混凝土			
-d1	C…	m^3		

续上表

清单 第400章 桥梁、涵洞				
子目号	子 目 名 称	计量单位	工程量计算规则	计价工程内容
-e	基础片石混凝土			1. 模板制作、安装、拆除、混凝土浇筑（抽换片石混凝土材料消耗）、捣固、养护 2. 混凝土拌和 3. 混凝土运输 4. 拌和站安拆（摊销）或补助
-e1	C…	m^3		
-f	拱座混凝土	m^3		1. 模板制作、安装、拆除、混凝土浇筑、捣固、养护 2. 混凝土拌和 3. 混凝土运输 4. 拌和站安拆（摊销）或补助
-g	锚碇混凝土	m^3		
410-2	混凝土下部结构			
-a	轻型桥台		按设计图所示，以设计结构混凝土体积计算	1. 搭拆脚手架、安拆模板、劲性骨架、混凝土浇筑、捣固、养护 2. 混凝土拌和 3. 混凝土运输 4. 台背防水（如需） 5. 拌和站安拆（摊销）或补助
-a1	C…	m^3		
-b	重力式U形桥台			
-b1	C…	m^3		
-c	肋形埋置式桥台			
-c1	C…	m^3		
-d	框架式桥台			
-d1	C…	m^3		
-e	柱式桥墩			
-e1	C…	m^3		
-f	空心墩			
-f1	C…	m^3		
-g	薄壁墩			
-g1	C…	m^3		
-h	异形墩（V形、Y形等）			
-h1	C…			
-i	墩台帽			1. 模板支架搭设、拆除 2. 支架预压 3. 同410-2-a
-i1	C…	m^3		
-j	混凝土盖梁及耳背墙			
-j1	C…	m^3		同410-2-a，其中混凝土浇筑需抽换片石混凝土材料消耗
-k	片石混凝土墩台身			
-k1	C…	m^3		
410-3	现浇混凝土上部结构			

续上表

清单　第400章　桥梁、涵洞				
子目号	子 目 名 称	计量单位	工程量计算规则	计价工程内容
-a	混凝土实心板		按设计图所示，以设计结构混凝土体积计算	1. 支架基础处理 2. 支架（含门洞）搭、拆 3. 支架预压 4. 模板制作、安装、拆除、混凝土浇筑、捣固、养护 5. 混凝土拌和 6. 混凝土运输 7. 拌和站安拆（摊销）或补助
-a1	C…	m^3		
-b	混凝土空心板			
-b1	C…	m^3		
-c	箱梁			
-c1	C…			
-d	拱圈（拱肋）			
-d1	C…	m^3		
-e	斜腿刚构			
-e1	C…	m^3		
410-4	预制混凝土上部结构			
-a	混凝土实心板		按设计图所示，以设计结构混凝土体积计算	1. 混凝土拌和 2. 混凝土运输 3. 混凝土浇筑、养护 4. 板顶、侧面凿毛 5. 构件倒运（移板） 6. 构件运输 7. 构件安装 8. 拌和站安拆（摊销）或补助 9. 预制构件底座 10. 龙门吊安、拆（如需）
-a1	C…	m^3		
-b	混凝土空心板			
-b1	C…	m^3		
-c	拱圈（拱肋）			
-c1	C…	m^3		
410-5	上部结构混凝土现浇整体化			
-a	预制板现浇整体化（铰缝）		按设计图所示，以设计结构混凝土体积计算	1. 支架、模板制作、安装、拆除、混凝土浇筑、捣固、养护 2. 混凝土拌和 3. 混凝土运输 4. 拌和站安拆（摊销）或补助
-a1	C…	m^3		
-b	预制梁现浇整体化（湿接缝、横隔梁等）			
-b1	C…	m^3		
-c	拱上建筑			
-c1	C…	m^3		
410-6	现浇混凝土附属结构			
-a	人行道			

续上表

清单　第400章　桥梁、涵洞				
子目号	子 目 名 称	计量单位	工程量计算规则	计价工程内容
-a1	C…	m^3	按设计图所示，以设计结构混凝土体积计算	1. 支架、模板制作、安装、拆除、混凝土浇筑、捣固、养护 2. 混凝土拌和 3. 混凝土运输 4. 拌和站安拆(摊销)或补助
-b	防撞墙		按设计图所示，以设计附属结构混凝土体积计算	1. 支架、模板制作、安装、拆除、混凝土浇筑、捣固、养护 2. 混凝土拌和 3. 混凝土运输 4. 扶手等附属配件制作、安装 5. 拌和站安拆(摊销)或补助
-b1	C…	m^3		
-c	护栏底座(缘石)			
-c1	C…	m^3		
-d	桥头搭板			
-d1	C…	m^3	按设计图所示，以设计结构混凝土体积	1. 模板制作、安装、拆除、混凝土浇筑、捣固、养护 2. 混凝土拌和 3. 混凝土运输 4. 拌和站安拆(摊销)或补助
-e	抗震挡块			
-e1	C…	m^3	按设计图所示，以设计附属结构混凝土体积计算	1. 模板制作、安装、拆除、混凝土浇筑、捣固、养护 2. 混凝土拌和 3. 混凝土运输 4. 拌和站安拆(摊销)或补助
-f	支座垫石			
-f1	C…	m^3		
410-7	预制混凝土附属结构			
-a	人行道		按设计图所示，以设计结构混凝土体积计算	1. 混凝土拌和 2. 混凝土运输 3. 构件预制 4. 构件运输 5. 构件安装 6. 拌和站安拆(摊销)或补助
-a1	C…	m^3		
-b	栏杆			
-b1	C…	m^3		
-c	缘石			
-c1	C…	m^3		
411-1	预应力钢丝			
-a	先张法	kg	按设计图所示，以设计构件的长度计算质量(埋入混凝土中的实际长度计算，不计入工作长度)	下料、张拉、放张

续上表

清单　第400章　桥梁、涵洞				
子目号	子目名称	计量单位	工程量计算规则	计价工程内容
-b	后张法	kg	按设计图所示，以设计构件两端锚具间的理论长度计算质量（不计入工作长度）	安装管道、下料、安装锚具、张拉、压浆
411-2	预应力钢绞线			
-a	先张法	kg	按设计图所示，以设计构件的长度计算质量（埋入混凝土中的实际长度计算，不计入工作长度）	下料、张拉、放张
-b	后张法	kg	按设计图所示，以设计构件两端锚具间的理论长度计算质量（不计入工作长度）	安装管道、下料、安装锚具、张拉、压浆
411-3	预应力钢筋			
	先张法	kg	按设计图所示，以设计构件的长度计算质量（埋入混凝土中的实际长度计算，不计入工作长度）	下料、张拉、放张
	后张法	kg	按设计图所示，以设计构件两端锚具间的理论长度计算质量（不计入工作长度）	安装管道、下料、安装锚具、张拉、压浆
411-4	特殊结构预应力钢材			
-a	斜拉索	kg	按设计图所示，以设计构件两端锚固间的理论长度计算质量（不计入工作长度）	按设计的施工工艺套取相应定额
-b	悬索	kg		
-c	系杆	kg		
-d	吊杆	kg		
411-5	钢上部结构			
-a	钢箱梁	kg	按设计图所示，以设计结构构件质量计算	按设计的施工工艺套取相应定额
-b	钢管拱	kg		
-c	钢桁架	kg		
411-6	钢（铁）附属构件			
-a	防撞钢护栏	m	按设计图所示，以设计构件长度计算	构件安装
-b	波形梁护栏	m		
-c	钢（铁）艺护栏	m		
411-7	现浇预应力混凝土上（下）部结构			
-a	混凝土空心板			

续上表

清单 第400章 桥梁、涵洞				
子目号	子目名称	计量单位	工程量计算规则	计价工程内容
-a1	C…	m^3	按设计图所示，以设计结构混凝土体积计算	1. 支架基础处理 2. 支架（含门洞）搭、拆 3. 支架预压 4. 模板制作、安装、拆除、混凝土浇筑、捣固、养护 5. 混凝土拌和 6. 混凝土运输 7. 拌和站安拆（摊销）或补助
-b	支架现浇箱梁			
-b1	C…	m^3	按设计图所示，以设计结构混凝土体积计算	1. 支架基础处理 2. 支架（含门洞）搭、拆 3. 支架预压 4. 模板制作、安装、拆除、混凝土浇筑、捣固、养护 5. 混凝土拌和 6. 混凝土运输 7. 拌和站安拆（摊销）或补助
-c	滑模浇筑箱梁			
-c1	C…	m^3	按设计图所示，以设计结构混凝土体积计算	1. 滑模制作、安装、过孔、拆除 2. 混凝土浇筑、捣固、养护 3. 混凝土拌和 4. 混凝土运输 5. 拌和站安拆（摊销）或补助
-d	悬臂浇筑箱梁			
-d1	C…	m^3	按设计图所示，以设计结构混凝土体积计算	1. 挂篮制作、安装、推移、就位、过墩、拆除 2. 临时支撑、锚固套筒制作、定位、安装 3. 混凝土浇筑、捣固、养护 4. 混凝土拌和 5. 混凝土运输 6. 拌和站安拆（摊销）或补助
-e	刚构			
-e1	C…	m^3	按设计图所示，以设计结构混凝土体积计算	1. 支架基础处理 2. 支架（含门洞）搭、拆 3. 支架预压 4. 模板制作、安装、拆除、混凝土浇筑、捣固、养护 5. 混凝土拌和 6. 混凝土运输 7. 拌和站安拆（摊销）或补助

续上表

清单　第400章　桥梁、涵洞				
子目号	子 目 名 称	计量单位	工程量计算规则	计价工程内容
-f	盖梁混凝土			
-f1	C…	m^3	按设计图所示，以设计结构混凝土体积计算	1. 模板支架搭设、拆除 2. 支架预压 3. 同410-2-a
411-8	预制预应力混凝土上部结构			
-a	混凝土空心板		按设计图所示，以设计结构混凝土体积计算	1. 混凝土拌和 2. 混凝土运输 3. 混凝土浇筑、养护 4. 板顶、侧面凿毛 5. 构件倒运（移板） 6. 构件运输 7. 构件安装 8. 拌和站安拆（摊销）或补助 9. 张拉台座或大型构件底座 10. 龙门吊安、拆（如需）
-a1	C…	m^3		
-b	T(I)形梁			
-b1	C…	m^3		
-c	箱梁			
-c1	C…	m^3		
411-9	特殊结构混凝土			
-a	斜拉桥塔身混凝土（C…）	m^3	按设计图所示，以设计结构混凝土体积计算	1. 搭拆支架 2. 移动模架安、拆 3. 混凝土浇筑、捣固、养护 4. 安装锚固箱、索鞍、铁梯、避雷针 5. 混凝土拌和 6. 混凝土运输 7. 工作电梯 8. 塔吊 9. 拌和站安拆（摊销）或补助
-b	悬索桥塔身混凝土（C…）	m^3		
-c	钢管拱混凝土（C…）	m^3		1. 混凝土灌注 2. 混凝土拌和 3. 混凝土运输 4. 拌和站安拆（摊销）或补助
413-1	浆砌片石			
-a	M…	m^3	按设计图所示，以设计砌体体积计算	1. 基础开挖 2. 砌筑
413-2	浆砌块石	m^3		
-b	M…	m^3	按设计图所示，以设计砌体体积计算	砌筑
413-3	浆砌料石	m^3		
-c	M…	m^3	按设计图所示，以设计砌体体积计算	砌筑

续上表

清单 第400章 桥梁、涵洞				
子目号	子 目 名 称	计量单位	工程量计算规则	计价工程内容
413-4	浆砌预制混凝土块	m^3		
-d	M···	m^3	按设计图所示,以设计砌体体积计算	1. 基础开挖(如需) 2. 混凝土拌和 3. 混凝土运输 4. 预制混凝土块 5. 运输 6. 砌筑 7. 拌和站安拆(摊销)或补助
415-1	沥青混凝土桥面铺装			
-a	厚···mm 上面层	m^2	按设计图所示,以设计相应厚度顶面面积计算	1. 拌和 2. 运输 3. 清理下承层、摊铺、碾压、养护 4. 拌和站安拆(摊销)或补助
-b	厚···mm 下面层	m^2		
415-2	水泥混凝土桥面铺装			
-a	C···级、厚···mm	m^2	按设计图所示,以设计相应厚度顶面面积计算	1. 安装泄水管 2. 模板制作、安装、拆除、水泥混凝土浇筑、捣固、养护 3. 混凝土拌和 4. 混凝土运输 5. 拌和站安拆(摊销)或补助
-b	···	m^2		
415-3	防水层			
-a	···	m^2	按设计图所示,以设计顶面面积计算	桥面清洗、撒布
415-4	桥面处理			
-a	抛丸	m^2	按设计图所示,以设计顶面面积计算	抛丸、清理
-b	凿毛	m^2		凿毛、清理
416-1	矩形板式橡胶支座			
-a	固定支座			
-a1	···mm × ···mm × ···mm	个	按设计图所示,以设计各规格支座数量计算	安装(含上下钢板等附件)
-b	活动支座			
-b1	···mm × ···mm × ···mm	个		
416-2	圆形板式橡胶支座			
-a	固定支座		按设计图所示,以设计各规格支座数量计算	安装(含上下钢板等附件)
-a1	ϕ···mm × ···mm	个		
-b	活动支座			
-b1	ϕ···mm × ···mm	个		
416-3	球冠圆板式橡胶支座			

续上表

清单　第400章　桥梁、涵洞				
子目号	子 目 名 称	计量单位	工程量计算规则	计价工程内容
-a	固定支座		按设计图所示，以设计各规格支座数量计算	安装（含上下钢板等附件）
-a1	ϕ…mm×…mm	个		
-b	活动支座			
-b1	ϕ…mm×…mm	个		
416-4	盆式支座			
-a	GPZ（Ⅱ）2.0DX	个	按设计图所示，以设计各规格支座数量计算	安装（含上下钢板等附件）
-b	GPZ（Ⅱ）2.0SX	个		
-c	…	个		
416-5	球形支座			
-a	DZQZ4000GD（Ⅱ）	个	按设计图所示，以设计各规格支座数量计算	安装（含上下钢板等附件）
-b	JQGZ-Ⅱ60000SX	个		
-c	…	个		
417-1	橡胶伸缩装置	m	按设计图所示，以设计长度计算	安装
417-2	模数式伸缩装置			
-a	D-40型	m	按设计图所示，以设计长度计算	1. 沥青面层切割及清理 2. 安装 3. 伸缩槽口混凝土浇筑、养护 4. 预留槽槽口钢筋
-b	…	m		
417-3	梳齿式伸缩装置			
-a	…	m	按设计图所示，以设计长度计算	1. 沥青面层切割及清理 2. 安装 3. 伸缩槽口混凝土浇筑、养护 4. 预留槽槽口钢筋
417-4	填充式材料伸缩装置	m	按设计图所示，以设计长度计算	安装
419-1	单孔钢筋混凝土圆管涵			
-a	ϕ1.0m	m	按设计图所示，以设计洞身长度计算（沿涵洞中心线量测的进出洞口之间的洞身长度）	1. 基础挖方 2. 基座浇筑 3. 外购、安装钢筋混凝土管 4. 铺涂防水层 5. 浇注或砌筑进出口
-b	…	m		
419-2	双孔钢筋混凝土圆管涵			

续上表

清单　第400章　桥梁、涵洞				
子目号	子 目 名 称	计量单位	工程量计算规则	计价工程内容
-a	ϕ1.0m	m	按设计图所示,以设计洞身长度计算(沿涵洞中心线量测的进出洞口之间的洞身长度)	1. 基础挖方 2. 基座浇筑 3. 外购、安装钢筋混凝土管 4. 铺涂防水层 5. 浇注或砌筑进出口
-b	…	m		
419-3	钢筋混凝土圆管倒虹吸管涵			
-a	ϕ1.0m	m	按设计图所示,以设计洞身长度计算(沿涵洞中心线量测的进出洞口之间的洞身长度)	1. 基础挖方 2. 基座浇筑 3. 外购、安装钢筋混凝土管 4. 铺涂防水层 5. 浇注或砌筑进出口
-b	…	m		
420-1	钢筋混凝土盖板涵			
-a	单孔(宽…m×高…m)	m	按设计图所示,以设计洞身长度计算(沿涵洞中心线量测的进出洞口之间的洞身长度)	1. 基础挖方 2. 基础浇筑或砌筑 3. 涵台浇注或砌筑(含钢筋) 4. 现浇(含支架)或预制、运输、安装盖板(含钢筋) 5. 铺涂防水层 6. 浇注或砌筑进出口 7. 混凝土拌和 8. 混凝土运输 9. 拌和站安拆(摊销)或补助
-b	双孔(宽…m×高…m)	m		
420-2	钢筋混凝土箱涵			
-a	单孔(宽…m×高…m)	m	按设计图所示,以设计洞身长度计算(沿涵洞中心线量测的进出洞口之间的洞身长度)	1. 基础挖方 2. 垫层浇筑 3. 现浇箱涵混凝土 4. 钢筋 5. 铺涂防水层 6. 浇注或砌筑进出口 7. 混凝土拌和 8. 混凝土运输 9. 拌和站安拆(摊销)或补助
-b	双孔(宽…m×高…m)	m		
420-3	钢筋混凝土盖板通道			
－a	宽…m×高…m	m	按设计图纸所示,按不同断面尺寸以长度计算(进出口端墙间距离)	1. 基础挖方 2. 基础浇筑或砌筑 3. 涵台浇注或砌筑(含钢筋) 4. 现浇(含支架)或预制、运输、安装盖板(含钢筋) 5. 铺涂防水层 6. 浇注或砌筑进出口 7. 混凝土拌和 8. 混凝土运输 9. 拌和站安拆(摊销)或补助

续上表

清单　第400章　桥梁、涵洞				
子目号	子目名称	计量单位	工程量计算规则	计价工程内容
420-4	钢筋混凝土箱形通道			
－a	宽…m×高…m	m	按设计图纸所示，按不同断面尺寸以长度计算（进出口端墙间距离）	1. 基础挖方 2. 垫层浇筑 3. 现浇箱涵混凝土 4. 钢筋 5. 铺涂防水层 6. 浇注或砌筑进出口 7. 混凝土拌和 8. 混凝土运输 9. 拌和站安拆（摊销）或补助
421-1	拱涵			
-a	宽…m×高…m	m	按设计图所示，以设计洞身长度计算（沿涵洞中心线量测的进出洞口之间的洞身长度）	1. 基础挖方 2. 基础浇筑或砌筑 3. 涵台浇注或砌筑（含钢筋） 4. 拱盔搭设、预压 5. 现浇（含钢筋）或砌筑 6. 防水层 7. 浇注或砌筑进出口 8. 混凝土拌和 9. 混凝土运输 10. 拌和站安拆（摊销）或补助
421-2	拱形通道			
-a	宽…m×高…m	m	按设计图纸所示，按不同断面尺寸以长度计算	1. 基础挖方 2. 基础浇筑或砌筑 3. 涵台浇注或砌筑（含钢筋） 4. 拱盔搭设、预压 5. 现浇（含钢筋）或砌筑 6. 防水层 7. 浇注或砌筑进出口 8. 混凝土拌和 9. 混凝土运输 10. 拌和站安拆（摊销）或补助
422-1	预制梁板长途运输			
-a	装车	m^3	设计图纸所示数量	
-b	50km 运输	m^3		
-b1	13m 以内（含 13m）	m^3		
-b2	13-16m（含 16m）	m^3		
-b3	16m 以上	m^3		

续上表

清单 第400章 桥梁、涵洞				
子目号	子目名称	计量单位	工程量计算规则	计价工程内容
-c	每增1km			
-c1	13m以内(含13m)	m^3		
-c2	13～16m(含16m)	m^3		
-c3	16m以上	m^3		
-d	每减1km			
-d1	13m以内(含13m)	m^3		
-d2	13～16m(含16m)	m^3		
-d3	16m以上	m^3		

3.6 第500章 隧道工程

3.6.1 一般规定

(1)本章为隧道工程,主要包括洞口与明洞工程、洞身开挖、洞身衬砌、防水与排水、洞内防火涂料和装饰工程、监控量测、地质预报等内容。

(2)洞口与明洞工程包括除明洞内的路面面层、排水管沟及电缆沟外的洞口土石方开挖、防水与排水、洞门、明洞、坡面防护、挡墙以及洞口的辅助工程等的施工及其他有关作业。

(3)洞身开挖包括洞身及行车、行人横洞以及辅助坑道的开挖、钻孔爆破、施工支护、装渣运输等有关作业。其中,辅助坑道包括导坑、竖井、斜井等内容;洞内开挖以设计开挖横断面(包括仰拱)计算土石方数量,不论施工单位(承包人)出于任何原因而造成的超过设计开挖横断面的超挖和由于超挖所引起增加的工程量,均不予计算和计量。

(4)洞身衬砌包括隧道洞身衬砌(含仰拱、横洞及辅助坑道)、模板与支架、洞内路面(仅指水泥混凝土路面,沥青混凝土路面统一列入第300章路面工程的相应子目中)、洞门及两侧电缆沟等附属工程以及有关工程的施工作业。

(5)防水与排水包括隧道施工中的洞内外临时防水与排水和洞内永久防水、排水工程(含明洞内)以及防水层施工等有关作业。

(6)洞内防火涂料和装饰工程包括隧道的洞内防火涂料及装饰工程(镶贴瓷砖)施工,以及喷吐混凝土专用漆等有关工程的施工作业。

(7)风水电作业及通风防尘包括隧道施工中的供风、供水、供电、照明以及施工中的通风、防尘等不可缺少的附属设施和作业,均应包括在本章各节有关工程子目报价中,不另行计量。

(8)监控量测包括必测项目监控量测和选测项目监控量测。必测项目通常包括洞内外观察、周边位移量测、拱顶下沉量测等内容,选测项目包括地表下沉量测、围岩内部变形量测、锚杆轴力量测、围岩压力量测、支护及衬砌应力量测、钢架内力及所承受的荷载量测、围岩弹性波速度测试等内容。监控量测应按有关规定、图纸要求及具体情况，确定必测项目和选测项目，并据此报价。监控量测计划实施前应报经监理工程师批准。

(9)特殊地质地段的施工与地质预报包括隧道施工中常遇到的塌方、断层、溶洞、瓦斯地层、膨胀性岩层、流沙、岩爆、高地温、松散地层、黄土等几种特殊地质地段中施工的有关作业以及地质预报有关事项。其中，特殊地质地段施工中施工单位(承包人)应采取的有关施工措施，均应包括在本章各节有关工程子目报价中，不另行计量；地质预报采用的方法手段应根据具体情况选用，并根据不同的方法手段报价。

(10)场地布置，核对图纸、补充调查、编制施工组织设计，试验检测、施工测量、环境保护、安全措施、施工防排水、围岩类别划分及监控、通信、照明、通风、消防等设备、设施预埋构件设置与保护，所有准备工作和施工中应采取的措施均为各节、各子目工程的附属工作，不另行计量。

(11)隧道名牌、模板装拆、钢筋除锈、拱盔、支架、脚手架搭拆、养护清场等工作均为各子目的附属工作，不另行计量。

(12)连接钢板、螺栓、螺母、拉杆、垫圈等作为钢支护的附属构件，不另行计量。

(13)混凝土拌和场站、贮料场的建设、拆除、恢复均包括在相应工程项目中，不另行计量。就近租赁社会拌和站的，拌和站的安拆费用以市场加工价格的形式进行摊销。

3.6.2　计价规则

第500章工程量计算规则、计价内容及计量规则应按表3.6-1的规定执行。

第500章　隧道　　表3.6-1

清单　第500章　隧道				
子目号	子目名称	计量单位	工程量计算规则	计价工程内容
502-1	洞口、明洞开挖			
-a	挖土方	m^3	按设计图表所示，按设计开挖横断面(包括仰拱开挖)计得的天然密实土方体积计算(设计图提供的挖土方数量)	1. 施工防、排水、临时道路及安全措施 2. 边坡、仰坡开挖、装卸、运输 3. 路基顶面挖松压实 4. 整修路基、边坡、仰坡 5. 土石方利用或弃方
-b	挖石方	m^3	按设计图表所示，按设计开挖横断面(包括仰拱开挖)计得的天然密实石方体积计算(设计图提供的挖石方数量)	
502-2	洞外防水与排水			

续上表

清单　第500章　隧道				
子目号	子 目 名 称	计量单位	工程量计算规则	计价工程内容
-a	浆砌片石水沟	m	按设计图所示，以不同规格截水沟、排水沟、边沟的设计铺砌(浇筑)长度计算	1. 基坑开挖 2. 混凝土拌和 3. 混凝土运输 4. 混凝土预制块预制 5. 铺设垫层 6. 砌筑 7. 盖板预制 8. 盖板安装 9. 拌和站安拆(摊销)或补助
-b	浆砌混凝土预制块水沟	m		
-c	现浇混凝土水沟	m		1. 基坑开挖 2. 混凝土拌和 3. 混凝土运输 4. 铺设垫层 5. 浇筑混凝土 6. 盖板预制 7. 盖板安装 8. 拌和站安拆(摊销)或补助
-d	明洞衬背纵向波纹管渗沟	m	按设计图所示，以明洞范围内波纹管渗沟设计长度计算	1. 下层面准备 2. 埋设HDPE打孔波纹管等滤管及设置必要的外裹土工布和滤层
-e	引水管	m	按设计图所示，以不同孔径引水管设计长度之和计算	1. 基坑开挖整型 2. 铺设垫层 3. 安设排水管 4. 接头处理 5. 回填 6. 沉砂井设置
-f	排水管	m	按设计图所示，以设计不同孔径排水管长度之和计算	1. 基坑开挖整型 2. 铺设垫层 3. 安设排水管 4. 接头处理 5. 回填
-g	衬背防水层	m^2	按设计图所示，以设计铺设的净面积(不计入按规范要求的搭接卷边部分)计算	1. 下层面找平 2. 敷设防水层及滤层 3. 水泥砂浆等保护层设置
-h	明洞止水带	m	按设计图所示，以明洞止水带设计长度米计算	1. 安设止水带 2. 与防水层焊接及接头处理

续上表

清单　第500章　隧道				
子目号	子目名称	计量单位	工程量计算规则	计价工程内容
-i	防水混凝土	m^3	按设计图所示，以设计防水混凝土（不含衬砌）体积计算	1. 基础处理 2. 防水混凝土拌和 3. 防水混凝土运输 4. 防水混凝土浇筑（含防水剂）、养护 5. 拌和站安拆（摊销）或补助
-j	黏土隔水层	m^3	按设计图所示，以设计黏土隔水层压实体积计算	1. 黏土挖运 2. 分层填筑、压实
502-3	洞口坡面防护			
-a	浆砌片石	m^3	按设计图所示，以设计浆砌片石或混凝土预制块砌体的体积（不含压顶）计算	1. 坡面整修、基坑开挖、回填并夯实 2. 铺设垫层、滤水层及制作安装沉降缝、伸缩缝、泄水孔 3. 混凝土拌和 4. 混凝土运输 5. 预制混凝土块 6. 砌筑 7. 拌和站安拆（摊销）或补助
-b	浆砌混凝土预制块	m^3		
-c	喷射混凝土	m^3	按设计图所示，以设计喷射混凝土体积计算	1. 坡面整修 2. 混凝土拌和 3. 混凝土运输 4. 喷射混凝土、养护 5. 拌和站安拆（摊销）或补助
-d	砂浆锚杆	m	按设计图所示，以设计不同规格锚杆长度之和计算	1. 锚孔钻孔、清孔 2. 锚杆制作安装 3. 注浆 4. 抗拔力试验
-e	中空注浆锚杆	m		
-f	钢筋网	kg	按设计图所示，以设计有效长度重量计算	1. 钢筋网制作、挂网 2. 搭接、锚固
-g	种植草皮	m^2	按设计图所示，以不同种类草皮（籽）设计种植的坡面防护面积之和计算	1. 坡面整修、铺设植土 2. 植草 3. 养护
502-4	洞门建筑			
-a	混凝土墙身及帽石	m^3	按设计图所示，以设计不同强度混凝土体积之和计算	1. 挖基、基础处理 2. 混凝土拌和 3. 混凝土运输 4. 混凝土浇筑、养护 5. 拌和站安拆（摊销）或补助

续上表

清单 第500章 隧道				
子目号	子目名称	计量单位	工程量计算规则	计价工程内容
-b	浆砌料石(片块石)墙身	m^3	按设计图所示,按设计墙身砌筑体积计算	1. 挖基、基础处理 2. 铺设垫层、砌筑勾缝、养护 3. 沉降、伸缩缝处理
-c	墙身镶面	m^2	按设计图所示,以设计墙身镶面面积计算	1. 墙面处理 2. 镶面 3. 抹平、养护
-d	洞身钢筋	kg	按设计图所示,以设计不同品种规格钢筋有效长度质量计算	1. 钢筋制作安装 2. 搭接
502-5	明洞衬砌			
-a	衬砌混凝土	m^3	按设计图所示,以设计明洞衬砌混凝土体积计算(含仰拱)	1. 混凝土拌和 2. 混凝土运输 3. 混凝土浇筑、养护 4. 拌和站安拆(摊销)或补助
-b	仰拱填充及调平层混凝土	m^3	按设计图所示,以设计不同种类和标号明洞仰拱填充及调平层混凝土体积之和计算	
-c	偏压明洞挡墙	m^3	按设计图所示,以设计挡墙体积计算	
-d	光圆钢筋	kg	按设计图所示,以设计不同规格钢筋质量之和计算(不计搭接重量)	钢筋制作安装
-e	带肋钢筋	kg		
502-6	遮光棚(板)			
-a	混凝土	m^3	按设计图所示,以设计不同强度混凝土体积之和计算	1. 基础处理 2. 混凝土拌和 3. 混凝土运输 4. 混凝土浇筑或预制安装 5. 拌和站安拆(摊销)或补助
-b	钢筋	kg	按设计图所示,以设计不同规格钢筋质量之和计算(不计搭接重量)	钢筋制作安装
-c	遮光板	m^2	按设计图所示,以设计遮光板面积计算	遮光板制作安装
502-7	洞顶回填			
-a	土石方回填	m^3	按设计图所示,以设计回填体积计算(扣除黏土隔水层数量)	1. 挖运 2. 回填 3. 压实
-b	浆砌片石回填	m^3		1. 基础整修 2. 砌筑

续上表

清单　第500章　隧道				
子目号	子 目 名 称	计量单位	工程量计算规则	计价工程内容
503-1	洞身开挖			
-a	洞身挖土方	m^3	按设计图所示，以设计开挖横断面(包括仰拱)计得的天然密实土(石)方体积计算	1. 施工防排水 2. 开挖、出渣 3. 整修 4. 洞渣利用或弃方
-b	洞身挖石方	m^3		
-c	竖井挖土方	m^3	按设计图所示，以设计开挖横断面计得的天然密实土(石)方体积计算	1. 施工防排水 2. 开挖、出渣 3. 整修 4. 井渣利用或弃方
-d	竖井挖石方	m^3		
503-2	超前支护			
-a	超前锚杆	m	按设计图所示，以设计不同规格锚杆长度之和计算	1. 钻孔、清孔 2. 锚孔灌浆 3. 锚杆制作安装
-b	中空注浆锚杆	m	按设计图所示，以设计相应锚杆不同规格长度之和计算	1. 钻孔、清孔 2. 锚杆制作安装 3. 锚孔注浆
-c	药卷锚杆	m		1. 钻孔、清孔 2. 药卷设置 3. 锚杆安装
-d	自进式锚杆	m		1. 锚杆制作、钻入 2. 锚孔注浆
-e	注浆小导管	m	按设计图所示，以设计不同规格小导管长度之和计算	1. 钻孔 2. 安装小导管 3. 小导管注浆
-f	管棚	kg	按设计图所示，以设计不同规格管棚钢管质量之和计算	1. 钻孔 2. 安装管棚 3. 管内注浆
-g	型钢拱架	kg	按设计图所示，以设计不同规格型钢质量之和计算(不计连接钢板、螺栓、螺母、拉杆、垫圈等附件质量)	1. 制作、安装 2. 焊接、固定
-h	钢筋拱架	kg	按设计图所示，以设计不同规格钢筋质量之和计算(不计搭接和配件质量)	1. 制作、安装 2. 焊接、固定
-i	围岩注浆	m^3	按设计图所示，以设计围岩注浆体积计算	1. 注浆孔管设置(单独注浆时) 2. 注浆(含外掺剂)、养护
503-3	喷锚支护			

续上表

清单 第500章 隧道				
子目号	子 目 名 称	计量单位	工程量计算规则	计价工程内容
-a	喷射钢纤维混凝土	m^3	按设计图所示,以设计喷射面积乘厚度以体积计算	1. 设喷射厚度标志 2. 混凝土拌和 3. 混凝土运输 4. 调制、喷射混凝土(含钢纤维等外掺材料)、养护 5. 拌和站安拆(摊销)或补助
-b	喷射混凝土	m^3	按设计图所示,以设计喷射面积乘厚度以体积计算	
-c	砂浆锚杆	m	按设计图所示,以设计相应锚杆不同规格长度之和计算	1. 钻孔、清孔 2. 锚孔灌浆 3. 锚杆制作安装
-d	中空注浆锚杆	m		1. 钻孔、清孔 2. 锚杆制作安装 3. 锚孔注浆
-e	药卷锚杆	m		1. 钻孔、清孔 2. 药卷设置 3. 锚杆安装
-f	自进式锚杆	m		1. 锚杆制作、钻入 2. 锚孔注浆
-g	预应力注浆锚杆	m		1. 钻孔、清孔 2. 锚杆制作安装 3. 锚杆张拉锚固 4. 锚孔注浆
-h	钢筋焊接网	kg	按设计图所示,以设计钢筋焊接网质量计算(不计搭接、锚固质量)	1. 制作、铺设 2. 焊接、锚固
-i	型钢拱架	kg	按设计图所示,以设计不同规格型钢质量之和计算(不计连接钢板、螺栓、螺帽、拉杆、垫圈等附件质量)	1. 制作、安装 2. 焊接、固定
-j	钢筋拱架	kg	按设计图所示,以设计不同规格钢筋质量之和计算(不计搭接和配件质量)	1. 制作、安装 2. 焊接、固定
503-4	木材支护	m^3	按设计图所示,以设计平均横断面尺寸乘以长度以体积计算(设计图提供的数量)	1. 制作、安装 2. 连接、固定
504-1	洞身衬砌			

续上表

清单　第500章　隧道				
子目号	子目名称	计量单位	工程量计算规则	计价工程内容
-a	混凝土	m^3	按设计图所示，以设计体积计算（不计超挖回填体积）	1. 混凝土拌和 2. 混凝土运输 3. 模注混凝土（含外掺剂、超挖回填、预埋管件等）、养护、沉降缝、施工缝、伸缩缝处理 4. 拌和站安拆（摊销）或补助
-b	防水混凝土	m^3		
-c	浆砌粗料石（块石）	m^3	按设计图所示，以设计体积计算（不计超挖回填体积）	1. 挖基、基底处理 2. 砌筑勾缝（含超挖回填、预埋管件等）、沉降缝、施工缝、伸缩缝处理、养护
-d	光圆钢筋	kg	按设计图所示，以设计不同规格钢筋重量之和计算（不计搭接重量）	制作安装
-e	带肋钢筋	kg		
504-2	仰拱、铺底混凝土			
-a	仰拱混凝土	m^3	按设计图所示，以设计体积计算（不计超挖回填体积）	1. 清除杂物、排除积水 2. 混凝土拌和 3. 混凝土运输 4. 浇筑混凝土（含外掺剂、超挖回填）、沉降缝、施工缝、伸缩缝处理、养护 5. 拌和站安拆（摊销）或补助
-b	仰拱填充混凝土	m^3		
-c	铺底混凝土	m^3		
504-3	边沟、电缆沟			
-a	钢筋混凝土沟槽身	m^3	按设计图所示，以设计沟槽身混凝土体积计算（含路缘石）	1. 挖基、铺设垫层、垫座 2. 钢筋制作安装 3. 混凝土拌和 4. 混凝土运输 5. 现浇或预制安装沟槽身混凝土（含要求的预埋管件）、养护 6. 拌和站安拆（摊销）或补助
-b	钢筋混凝土盖板	m^3	按设计图所示，以设计盖板混凝土体积计算	1. 钢筋制作安装 2. 混凝土拌和 3. 混凝土运输 4. 预制盖板 5. 安装盖板 6. 拌和站安拆（摊销）或补助

续上表

清单 第500章 隧道				
子目号	子 目 名 称	计量单位	工程量计算规则	计价工程内容
-c	电缆保护管	m	按设计图所示，以设计不同规格电缆保护管长度之和计算	1. 设置预埋件、支架 2. 埋设电缆保护管 3. 连接保护管（含连接器、接线盒）
504-4	洞门			
-a	车行横洞洞门	套	按设计图所示，以设计相应洞门套数计算	制作安装
-b	人行横洞洞门	套		
-c	边墙设施洞门	套		
504-5	洞内路面			
-a	水泥混凝土面板（厚…mm）	m^2	按设计图所示，以设计顶面面积计算（含横洞路面）	1. 模板制作、安装、拆除、混凝土浇筑、捣固、抹平、压（刻）纹、切缝、灌缝、养护 2. 混凝土拌和 3. 混凝土运输 4. 拌和站安拆（摊销）或补助
-b	水泥混凝土垫层	m^3	按设计图所示，以设计不同厚度及相应的顶面面积计算体积之和（含横洞垫层）	1. 清理下承层、混凝土摊铺、碾压、养护 2. 混凝土拌和 3. 混凝土运输 4. 拌和站安拆（摊销）或补助
-c	路面钢筋	kg	按设计图所示及钢筋表所列，以补强钢筋的质量计算（不计搭接质量）	补强钢筋制作安装
505-1	隧道防水			
-a	衬砌防排水层	m^2	按设计图所示，以设计铺设的净面积（不计入按规范要求的搭接卷边部分）计算	1. 敷设面处理 2. 敷设防水卷材及土工布 3. 搭接、固定
-b	沉降缝止水带	m	按设计图所示，以设计长度计算	1. 安设止水带（条） 2. 接头处理
-c	施工缝止水条	m		
-d	背贴式止水带	m		1. 安设止水带 2. 焊接、固定
-e	压浆堵水	m^3	按设计图所示，以设计压浆体积计算	1. 注浆孔管设置 2. 压浆（含外掺剂）、养护
505-2	隧道排水			

续上表

清单　第500章　隧道				
子目号	子 目 名 称	计量单位	工程量计算规则	计价工程内容
-a	衬背纵向盲沟	m	按设计图所示，以设计长度计算	1. 安设盲管（打孔波纹管等） 2. 接头处理（含三通）
-b	衬背环向盲沟	m		
-c	衬背横向导水管	m		1. 安设导水管 2. 接头处理（含三通）
-d	路面下横向排水盲沟	m		1. 基底处理、垫层及滤层铺设 2. 安设排水管（打孔波纹管等）及外裹土工布 3. 接头处理（含三通）
-e	路面下纵向排水管沟	m		
-f	路缘纵向排水沟	m		1. 基底处理 2. 钢筋制作安装 3. 混凝土拌和 4. 混凝土运输 5. 现浇或预制安装沟身混凝土、养护 6. 拌和站安拆（摊销）或补助
-g	沉沙井	个	按设计图所示，以设计个数计算	1. 挖基、铺设垫层、垫座 2. 钢筋制作安装 3. 混凝土拌和 4. 混凝土运输 5. 现浇或预制安装井身 6. 盖板制作 7. 盖板安装 8. 拌和站安拆（摊销）或补助
506-1	洞内防火			
-a	喷涂防火涂料	m^2	按设计图所示，以设计喷涂面积计算	1. 基层表面处理 2. 喷涂防火涂料、养护
-b	防火板	m^2	按设计图所示，以设计安装面积计算	制作安装（含预埋件、固定件等）
-c	顶隔板	m^2		
506-2	洞内装饰工程			
-a	镶贴瓷砖	m^2	按设计图所示，以设计镶贴面积计算	1. 支架、脚手架的制作安装和拆除 2. 混凝土边墙表面处理 3. 砂浆找平 4. 镶贴瓷砖 5. 养护要求

续上表

清单 第500章 隧道				
子目号	子 目 名 称	计量单位	工程量计算规则	计价工程内容
-b	喷涂混凝土专用漆	m^2	按设计图所示，以设计喷涂面积计算	1.基层表面处理 2.喷涂混凝土专用漆、养护
508-1	监控量测			
-a	必测项目	总额	按规定的必测项目内容（地质和支护状况观察、周边位移、拱顶下沉、锚杆或锚索内力及抗拔力等）和频率计算总额	1.按量测方案要求加工、采备、标定、埋设测量元件 2.检测仪器采备、标定、安装 3.按要求实施观测 4.数据处理反馈应用 5.检测设施安全保护
-b	选测项目	总额	按项目需要和设计选定的具体选测项目内容（地表下沉、围岩体内位移、围岩压力及两层支护间压力、钢支撑内力及外力、支护、衬砌内应力、表面应力及裂缝量测、围岩弹性波测试等）和频率计算总额	
509-1	地质预报	总额	按项目需要选定的具体预报内容和方法手段计算总额	1.按批准的探测手段、方法和要求加工、采备、标定、安装探测设施 2.检测仪器采备、标定、安装 3.按要求实施探测 4.数据处理反馈应用

3.7 第600章 安全设施及预埋管线工程

3.7.1 一般规定

（1）本章为安全设施及预埋管线工程，主要包括护栏、隔离栅、道路交通标志、防眩设施、通信管道及电力管道、预埋（预留）基础、收费设施和地下通道工程等内容。

（2）护栏包括中央分隔带上及路侧设置的波形梁钢护栏，在中央分隔带开口处设置的活动式钢护栏，以及混凝土护栏（不包括桥梁）的设置等的施工及有关作业。其中，护栏地基填筑、垫层材料、砌筑砂浆、嵌缝材料、油漆涂料、反光膜以及混凝土中的钢筋、钢缆索护栏的封头混凝土等均不另行计量。

（3）隔离栅包括隔离栅、防护网、防抛网的制作、安装等的施工及有关作业。其中，安装隔离栅所需的清场、挖根、土地平整、设置地线、基础、立柱、斜撑等均不另行计量；安装桥上防护网所需的支架、预埋件及紧固件等均不另行计量。

（4）道路交通标志包括各式道路交通标志、界碑及里程碑等的提供和设置有关施工作业。不同类型标志以不同形状、尺寸、反光等级设置工程子目，并按板面面积以大到小依次排列。所有支承结构、底座、硬件和为完成组装而需要的附件，均附属于各有关标志工程子目内，不另行计量。

(5)道路交通标线包括在路面上喷涂路面标线,安装突起路标、轮廓标及其附属工程等有关施工作业。其中,文字或字母、图形、区域等特殊路面标线按区域面积(以设计特殊标线前、后、左、右四侧的最外缘涂敷点或线连接成的顺中心线方向矩形面积)计算数量,其他路面标线(包括箭头、斑马线)按涂敷实际面积计算数量;路面标线玻璃珠包含在涂敷面积内,附着式轮廓标的后底底座、支架连接件,均不另行计量。

(6)防眩及其他设施包括设置防眩板、防眩网、太阳能警示设施、信号设施等的有关施工作业。所需的预埋件、连接件、立柱基础混凝土及钢构件的焊接,均作为附属工作,不另行计量。

(7)通信和电力管道与预埋(预留)基础包括为通信、监控、供配电等的预埋管道和基础工程、人(手)孔,接地系统的施工作业等内容。管线预埋工程的挖基及回填、压实及接地系统、所有封缝和牵引线及拉棒检验等作为相关工程的附属工作,不另行计量。

(8)收费设施及地下通道包括收费站内收费设施(外场部分)的土建部分,即收费岛、收费亭、收费天棚、预埋(架设)管线、地下通道以及收费设施的预埋件设施等有关作业。其中,所有挖基、挖槽以及回填、压实等作为各相关工程子目的附属工作,均不另行计量;收费设施的预埋件、防撞柱等为各相关工程项目的附属工作,不另行计量;凡未列入计量项目的零星工程,均含在相关工程项目内,不另行计量;预埋(架设)管线中的计价内容是否包括线缆,应根据工程项目的招标界面划分具体情况确定。

(9)组合、分设型端头仅指圆形端头部分,地锚式端头仅包括混凝土地锚及其埋置的钢护栏部分,与其连接的钢护栏长度计入相应钢护栏子目中。

(10)就近租赁社会拌和站的,拌和站的安拆费用以市场加工价格的形式进行摊销。

3.7.2　计价规则

第600章工程量计算规则、计价内容及计量规则应按表3.7-1的规定执行。

第600章　安全设施及预埋管线　表3.7-1

清单　第600章　安全设施及预埋管线				
子目号	子 目 名 称	计量单位	工程量计算规则	计价工程内容
602-1	混凝土护栏			
-a	现浇C···	m	按设计图所示,以设计长度计算(不计端部过渡段长度)	1. 钢筋制作 2. 混凝土拌和 3. 混凝土运输 4. 混凝土浇筑、养护 5. 拌和站安拆(摊销)或补助 6. 支承架等附属配件安装(如需) 7. 涂层及反光膜(如需)
-b	预制C···	m		1. 预制(包括602-1-a的1~5项) 2. 运输及安装 3. 602-1-a的6~7项

续上表

清单 第600章 安全设施及预埋管线				
子目号	子 目 名 称	计量单位	工程量计算规则	计价工程内容
602-2	单面波形梁钢护栏			
-a	镀锌		按设计图所示,以设计的沿栏杆面长度计算(不计起、终端头长度)	1. 立柱打设 2. 波形梁钢护栏安装(含柱帽、防阻块等) 3. 特殊路段立柱基础设置或钻孔(如需)
-a1	Gr-A-4E	m		
-a2	…	m		
-b	浸塑			
-b1	Gr-A-4E	m		
-b2	…	m		
-c	喷塑	-		
-c1	Gr-A-4E	m		
-c2	…	m		
602-3	双面波形梁钢护栏			
-a	镀锌		按设计图所示,以设计的沿栏杆面长度计算(不计起、终端头)	1. 立柱打设 2. 波形梁钢护栏安装(含柱帽、防阻块等) 3. 特殊路段立柱基础设置或钻孔(如需)
-a1	Gr-A-4E	m		
-a2	…	m		
-b	浸塑			
-b1	Gr-A-4E	m		
-b2	…	m		
-c	喷塑			
-c1	Gr-A-4E	m		
-c2	…	m		
602-4	活动式护栏			
-a	插拔式钢护栏	个	按设计图所示,以设计开口个数计算	1. 基础及预埋件 2. 成品安装
-b	伸缩式钢护栏	个		
-c	充填式	个		
602-5	波形梁钢护栏起、终端头			
-a	分设型圆头式端头		按设计图所示,以设计个(处)数计算	
-a1	镀锌	个		成品安装
-a2	浸(喷)塑	个		
-b	分设型波形梁地锚式端头			
-b1	镀锌	个		1. 基础开挖 2. 混凝土浇筑(计入埋入的钢护栏)
-b2	浸(喷)塑	个		
-c	组合型圆头式端头			
-c1	镀锌	个		
-c2	浸(喷)塑	个		成品安装

续上表

清单　第600章　安全设施及预埋管线				
子目号	子 目 名 称	计量单位	工程量计算规则	计价工程内容
602-6	缆索护栏	m	按设计图纸所示，以设计长度计算	1. 立柱安装 2. 地锚基础开挖及浇筑 3. 缆索安装、张拉
602-7	混凝土基础			
-a	C…	m^3	按设计图纸所示，以设计体积计算	1. 基础开挖 2. 混凝土拌和 3. 混凝土运输 4. 混凝土浇筑、养护 5. 拌和站安拆（摊销）或补助
603-1	隔离栅	m		
-a	铁丝编织网（镀锌）	m	按设计图所示，以设计长度计算（从端柱外侧沿隔离栅中部丈量）	1. 立柱安装（包括基础混凝土、斜撑等） 2. 隔离栅网安装（含紧固件等）
-b	钢板网（镀锌）	m		
-c	电焊网（镀锌）	m		
-d	刺铁丝	m		
-e	浸（喷）塑网	m		
603-2	桥上防护网			
-a	镀锌	m	按设计图所示，以设计长度计算	1. 立柱安装 2. 防护网安装（含预埋件、紧固件等）
-b	浸（喷）塑	m		
604-1	单柱式交通标志			
-a	ϕ0.8m	个	按设计图所示，以设计个数计算	1. 混凝土拌和 2. 混凝土运输 3. 基础混凝土浇筑 4. 钢筋制作 5. 立柱安装（法兰等预埋件按图纸设计重量调整） 6. 板面安装 7. 拌和站安拆（摊销）或补助
-b	…	个		
604-2	双柱式交通标志			
-a	3.8m×4.5m	个	按设计图所示，以设计个数计算	同604-1
-b	…	个		
604-3	三柱式交通标志			
-a	…	个	按设计图所示，以设计个数计算	同604-1
604-4	门架式交通标志			

续上表

清单　第600章　安全设施及预埋管线				
子目号	子 目 名 称	计量单位	工程量计算规则	计价工程内容
-a	跨度12～13m	个	按设计图所示，以设计个数计算	同604-1
-b	…	个		
604-5	单悬臂式交通标志			
-a	4.0m×3.0m	个	按设计图所示，以设计个数计算	同604-1
-b	…	个		
604-6	双悬臂式交通标志			
-a	3.9m×3.9m		按设计图所示，以设计个数计算	同604-1
-b	…	个		
604-7	附着(悬挂)式交通标志			
-a	…	个	按设计图所示，以设计个数计算	标志板面安装
604-8	里程碑	个	按设计图所示，以设计个数计算	成品埋设
604-9	公路界碑	个	按设计图所示，以设计个数计算	
604-10	百米桩	个	按设计图所示，以设计个数计算	
604-11	可移动标志			
-a	锥形交通标	个	按设计图所示，以设计个数计算	1. 成品安装 2. 临时标志制作
-b	防撞筒	个		
-c	水马	个		
-d	临时标志	个		
-e	…	个		
604-12	示警桩			
-a	钢管桩	个	按设计图所示，以设计个数计算	制作(含涂层及反光膜)、安装
-b	混凝土桩	个		
-c	柔性桩	个	按设计图所示，以设计个数计算	成品安装
604-13	限高架			
-a	…(规格)	个	按设计图所示，以设计个数计算	1. 基础开挖 2. 混凝土拌和 3. 混凝土运输 4. 基础混凝土浇筑(含钢筋) 5. 制作、安装(含底座法兰盘、螺栓、反光膜) 6. 拌和站安拆(摊销)或补助

续上表

清单　第600章　安全设施及预埋管线				
子目号	子 目 名 称	计量单位	工程量计算规则	计价工程内容
604-14	太阳能设施			
-a	太阳能多向警示标	个	按设计图所示,以设计个数计算	1. 基础开挖 2. 混凝土拌和 3. 混凝土运输 4. 基础混凝土浇筑(含钢筋) 5. 立柱、门架制作安装(含法兰、螺栓等各种组装件) 6. 成品安装 7. 拌和站安拆(摊销)或补助
-b	自发光多向警示标	个		
-c	频闪灯	个		
-d	太阳能突起路标	个		
-e	太阳能竖向线形诱导标	个		
-f	太阳能智能视线诱导标	个		
-g	太阳能智能边缘视线诱导标	个		
605-1	热熔型涂料路面标线			
-a	…	m^2	按设计图所示,不分涂敷厚度,以设计涂敷实际面积计算	路面清洗、喷涂下涂剂、底油、喷涂标线(含玻璃珠)
605-2	熔剂常温涂料路面标线			
-a	…	m^2	按设计图所示,不分涂敷厚度,以设计涂敷实际面积计算	路面清洗、喷涂下涂剂、底油、喷涂标线(含玻璃珠)
605-3	熔剂加热涂料路面标线			
-a	…	m^2	按设计图所示,不分涂敷厚度,以设计涂敷实际面积计算	路面清洗、喷涂下涂剂、底油、喷涂标线(含玻璃珠)
605-4	水性涂料路面标线			
-a	…	m^2	按设计图所示,不分涂敷厚度,以设计涂敷实际面积计算	路面清洗、喷涂下涂剂、底油、喷涂标线(含玻璃珠)
605-5	特殊路面标线			
-a	文字标线	m^2	按设计图所示,不分涂敷厚度,以设计特殊标线区域面积计算(包括本区域内未涂敷标线部分)	路面清洗、喷涂下涂剂、底油、喷涂标线(含玻璃珠)
-b	导向箭头	m^2		
-c	斑马线	m^2		
-d	图形标线	m^2		
-e	区域标线	m^2		

续上表

清单 第600章 安全设施及预埋管线				
子目号	子 目 名 称	计量单位	工程量计算规则	计价工程内容
-f	振颤标线（热熔突起型标线）	m^2	按设计图所示，不分涂敷厚度，以设计涂敷实际面积计算	路面清洗、喷涂下涂剂、底油、喷涂标线（含玻璃珠）（需专用设备）
-g	防滑标线	m^2		
-h	隆声带	m^2		
-i	减速带	m	按设计图所示，以设计减速带区域面积（包括区域内未刻设部分）计算	路面清洗、喷涂下涂剂、底油、喷涂标线（含玻璃珠）
605-6	突起路标			
-a	单面突起路标	个	按设计图所示，以设计个数计算	成品安装
-b	双面突起路标	个		
605-7	轮廓标			
-a	柱式轮廓标	个	按设计图所示，以设计个（片）数计算	基础开挖、浇筑、安装
-b	附着式轮廓标	个		成品安装
-c	LDC 线形（条型）轮廓标	片		成品安装
-d	柱式边缘视线诱导标	个		
605-8	立面标记			
-a	喷涂式	m^2	按设计图所示，以设计处数计算	喷涂或粘贴
-b	粘贴式	m^2		
606-1	防眩板	个	按设计图所示，以个数计算	安装（含预埋件、锚固件等）
606-2	防眩网	m	按设计图所示，以设计长度计算	
607-1	人（手）孔			
-a	钢筋混凝土	个	按设计图所示，以设计个数计算	1. 基底处理、拆除、钢筋制作、混凝土浇筑、养护、安装支架、安砌井盖 2. 混凝土拌和 3. 混凝土运输 4. 拌和站安拆（摊销）或补助 5. 基底处理、砌筑、砂浆抹面、安装支架、安砌井盖
-b	砖砌	个		
607-2	紧急电话平台	个	按设计图所示，以设计个数计算	基础开挖、回填、基础浇筑
607-3	管道工程			
-a	铺设…孔 ϕ…mm 塑料管（钢管）管道	m	按设计图所示，以设计沿管道中线长度计算	1. 挖基及回填、压实 2. 垫层、基础 3. 管道安装 4. 管道包封
-b	铺设…孔 ϕ…mm 塑料管（钢管）管道	m		

续上表

清单　第600章　安全设施及预埋管线				
子目号	子 目 名 称	计量单位	工程量计算规则	计价工程内容
-c	过桥管箱(包括两端接头管箱)	m	按设计图所示,以设计沿管道中线长度计算	1. 托架制作、安装 2. 管箱安装(包括两端接头管箱)
608-1	收费亭			
-a	单人收费亭	个	按设计图所示,以设计个数计算	制作安装
-b	双人收费亭	个		
608-2	收费天棚(土建)			
-a	基础			
-a1	C…	m^3	按设计图所示,以设计基础体积计算	1. 基础开挖 2. 钢筋制作 3. 混凝土拌和 4. 混凝土运输 5. 混凝土浇筑、养护 6. 拌和站安拆(摊销)或补助
-b	预埋构件	kg	按设计图所示,以设计重量计算	制作、安装
-c	立柱			
-c1	钢立柱	kg	按设计图所示,以设计重量计算	制作、安装
-c2	混凝土立柱(C…)	m^3	按设计图所示,以设计体积计算	1. 钢筋制作 2. 混凝土拌和 3. 混凝土运输 4. 混凝土浇筑、养护 5. 拌和站安拆(摊销)或补助
-d	桁架屋面(含屋面板、檩条及拉条、屋面排水)	m^2	按设计图所示,以设计屋面面积计算	制作、安装
-e	钢筋混凝土屋面(含屋面板、梁、屋面排水)	m^2	按设计图所示,以设计屋面面积计算	1. 支架搭设 2. 钢筋制作、安装 3. 混凝土拌和 4. 混凝土运输 5. 混凝土浇筑、养护 6. 拌和站安拆(摊销)或补助
-f	显示屏架	kg	按设计图所示,以设计重量计算	制作、安装
-g	装饰			
-g1	…(按装饰部位)	m^2	按设计图所示,以设计面积计算	参照装饰定额
-g2	…(按装饰部位)	m^2		

续上表

清单 第600章 安全设施及预埋管线				
子目号	子 目 名 称	计量单位	工程量计算规则	计价工程内容
-h	雨水管	m	按设计图所示，以设计长度计算	制作、安装
-i	站名牌	m^2	按设计图所示，以设计面积计算	制作、安装
608-3	收费岛			
-a	单向收费岛	个	按设计图所示，以设计个数计算	1. 收费岛混凝土浇筑（粘贴反光膜或涂层） 2. 收费岛钢筋 3. 设备基础混凝土 4. 收费亭护栏 5. 防撞立柱 6. 预埋钢套管 7. 混凝土拌和 8. 混凝土运输 9. 拌和站安拆（摊销）或补助
-b	双向收费岛	个		
608-4	地下通道			
-a	高…m×宽…m	m	按设计图所示，以设计沿通道中心量测洞口间长度计算	1. 基础挖方 2. 垫层浇筑 3. 现浇箱涵混凝土 4. 钢筋 5. 铺涂防水层 6. 浇注或砌筑进出口 7. 混凝土拌和 8. 混凝土运输 9. 拌和站安拆（摊销）或补助
608-5	预埋管线			
-a	…	m	按设计图所示，以设计长度计算	1. 挖基及回填、压实 2. 管线安装（含包封、封缝料、牵引线、接地及拉棒检验等附属工作）
608-6	架设管线			
-a	…	m	按设计图所示，以设计长度计算	1. 支架制作安装 2. 管线架设（含封缝料、牵引线、接地及拉棒检验等附属工作）

3.8　第700章　绿化及环境保护工程

3.8.1　一般规定

(1)本章为绿化及环境保护工程,主要包括公路工程施工及维护期间的环境保护,以及公路绿化工程中植物的种植和管理等的有关作业。工程内容主要有铺设表土,撒播草种和铺植草皮,种植乔木、灌木和攀缘植物,声屏障等。

(2)除按图纸施工的永久性环境保护工程外,其他采取的施工期间环境保护措施已包含在相应的工程项目中,不另行计量;由于施工单位(承包人)的过失、疏忽或者未及时按图纸做好永久性的环境保护工程,导致需要另外采取环境保护措施,这部分额外增加的费用由施工单位(承包人)负担。

(3)在公路施工及缺陷责任期间,绿化工程的养护与管理以及任何缺陷的修正与弥补,作为施工单位(承包人)完成绿化工程的附属工作,不另行计量。

(4)铺设表土包括在公路绿化区域(含路堤、中央分隔带及互通立交范围内、服务区和隧道洞口的绿化种植区)内按照图纸布置和要求,保持地表面的平整,翻松、铺设表土等施工作业。其中,铺设表土的准备工作(包括提供、运输等),作为施工单位(承包人)应做的附属工作,不另行计量;表土中包括种植土和垫层土,施工单位(承包人)应根据有关规定和图纸要求综合组价。

(5)撒播草种和铺植草皮包括在公路绿化区域内铺设表土的层面上撒播草种或铺植草皮和施肥、布设喷灌设施等绿化工程作业。其中,草种、水、肥料等,作为施工单位(承包人)撒播草种的附属工作,不另行计量;当草皮采用叠铺时,施工单位(承包人)应根据图纸要求自行考虑叠铺系数,叠铺增加的面积不另行计量,但若为工程实施过程中的设计变更,则应按叠铺程度确定一叠铺系数,叠铺增加的面积予以计量;喷灌设施的闸阀、水表、洒水栓等,作为喷灌管道的附属工作,不另行计量。

(6)种植乔木、灌木和攀缘植物包括在公路绿化区域内提供和种植乔木、灌木和攀缘植物等作业。其中,种植用水、设置水池储水、施肥等,均作为施工单位(承包人)种植植物的附属工作,不另行计量。

(7)声屏障包括在公路路侧居民集中区、学校教学区、医院病房区等设置声屏障等隔声设施以及与此有关的施工作业。其中,声屏障的基础开挖、基底夯实、基坑回填、立柱、横板安装等工作,作为砌筑吸声砖声屏障及砌筑砖墙声屏障所必需的附属工作,均不另行计量。

(8)就近租赁社会拌和站的,拌和站的安拆费用以市场加工价格的形式进行摊销。

(9)成活期养护按24月计取。

3.8.2　计价规则

第700章工程量计算规则、计价内容及计量规则应按表3.8-1的规定执行。

第700章 绿化及环境保护 表3.8-1

清单 第700章 绿化及环境保护				
子目号	子目名称	计量单位	工程量计算规则	计价工程内容
702-1	开挖并铺设表土			
-a	路堤边坡(含路肩)	m^3	按设计图所示,以设计铺设体积计算	1.外购 2.表土及垫层土铺设、排水处理等
-b	路堑边坡(含路肩)	m^3		
-c	中央分隔带	m^3		
-d	服务区、互通区	m^3		
-e	隧道洞口区	m^3		
702-2	铺设利用的表土			
-a	路堤边坡(含路肩)	m^3	按设计图所示,以设计铺设体积计算	表土及垫层土铺设、排水处理等
-b	路堑边坡(含路肩)	m^3		
-c	中央分隔带	m^3		
-d	服务区、互通区	m^3		
-e	隧道洞口区	m^3		
703-1	撒播草种			
-a	…(按草种种类分)	m^2	按设计图所示,不分草种种类以设计撒播面积计算	1.翻土整地、施底肥、播草籽、覆盖、踩实 2.洒水 3.成活期保养
-b	…(按草种种类分)	m^2		
703-2	铺植草皮			
-a	…(按草种种类分)	m^2	按设计图所示,以设计铺植草皮的面积计算	1.翻土整地、铺草皮、覆盖、场地清理 2.洒水 3.成活期保养
-b	…(按草种种类分)	m^2		
703-3	绿地喷灌			
-a	绿地喷灌管道	m	按设计图所示,以设计喷灌管道长度计算	1.管沟开挖、清理回填 2.阀门井砌筑 3.管道敷设(含闸阀、水表、洒水栓等) 4.防护
-b	绿地喷灌喷头	个	按设计图所示,以设计喷灌喷头个数计算	喷头制作安装
704-1	种植乔木			
-a	…(按乔木种类及规格分)	棵	按设计图所示,以设计棵数计算	1.挖树穴 2.下基肥、栽植、立支架、场地清理 3.浇水 4.松土、除草、追肥 5.成活期保养
-b	…(按乔木种类及规格分)	棵		

续上表

清单　第700章　绿化及环境保护				
子目号	子 目 名 称	计量单位	工程量计算规则	计价工程内容
704-2	种植灌木			
-a	…(按灌木种类及规格分)	棵	按设计图所示,以设计棵数计算	1. 挖树穴 2. 下基肥、栽植、场地清理 3. 浇水 4. 松土、除草、追肥 5. 成活期保养
-b	…(按灌木种类及规格分)	棵		
704-3	种植攀缘植物			
-a	…(按攀缘植物种类分)	棵	按设计图所示,以设计棵数计算	1. 挖树穴 2. 下基肥、栽植、场地清理 3. 浇水 4. 松土、除草、追肥 5. 成活期保养实
-b	…(按攀缘植物种类分)	棵		
706-1	吸、隔声板屏障	m	按设计图所示,以设计长度计算	1. 基础开挖、基底处理及回填 2. 混凝土拌和 3. 混凝土运输 4. 基础浇筑 5. 立柱及消声板安装 6. 拌和站安拆(摊销)或补助
706-2	吸声砖声屏障	m^3	按设计图所示,以设计砌体体积计算	1. 基础开挖、基底处理 2. 基础砌筑 3. 墙身砌筑、压顶、抹面、养护
706-3	砖墙声屏障	m^3		

4 工程计量与支付

4.1 通则

4.1.1 根据青岛市交通运输委员会相关规定,青岛公路基建项目工程计量支付按合同约定定期申报,工程计量与工程支付按管理权限分级确认,计量支付管理工作实行统一管理、分工明确、各负其责。

4.1.2 青岛市交通运输委员会相关职责

(1)指导和监督工程计量支付管理工作;

(2)审核市交通运输委投资工程的建设项目法人上报的工程年度预算和季度、年用款计划;

(3)对项目法人批复的确认计量文件及施工、监理等单位的申请计量材料等定期进行抽查,对抽查中发现的问题下发文件要求建设项目法人在规定的期限内予以整改;

(4)对项目法人的计量支付进行复核,批复支付文件;

(5)根据年度部门预算安排和支付文件拨付资金。

4.1.3 市公路管理局相关职责

(1)按照全局年度建设投资计划安排工程年度预算,并按照年度预算、建设项目的进度和计划安排,报送季度、年度用款计划;

(2)指导、监督和检查项目法人、施工及监理等各参建单位工程计量支付管理工作;

(3)审核、确认计量支付文件,并向市交通运输委申请支付建设资金;

(4)市交通运输委批复建设资金后,办理资金支付手续;

(5)及时做好相关台账登记。

4.1.4 分局项目法人相关职责

(1)按照市局年度预算、建设项目的进度和计划安排,向市局报送季度、年度用款计划;

(2)审核计量支付文件,并根据投资计划、年度预算向市局申请支付计量款;

(3)收到市局转发的工程支付文件后,及时办理资金支付手续;

(4)及时做好相关台账登记。

4.1.5　项目现场管理机构相关职责

(1)核查工程量偏差文件;

(2)审核、上报计量支付申请文件,定期或不定期检查各施工、监理单位的计量支付行为;

(3)施工、监理单位相关计量支付基础性资料的收集、整理、上报工作;

(4)监督、检查已拨付计量款的使用情况,做到专款专用;

(5)及时做好相关台账登记、资料归档工作。

4.1.6　监理单位相关职责

(1)审核、批复工程量偏差文件,并报备项目现场管理机构;

(2)根据下发的计量规章、程序、方法和有关规定,审核无误后办理支付证书,逐级上报;

(3)配合项目现场管理机构解决施工单位提出的计量支付、合同管理等方面的问题;

(4)核查施工单位现场计量工作,填报计量支付证书;

(5)及时做好相关台账、登记及资料归档工作。

4.1.7　施工单位相关职责

(1)编制上报工程量偏差文件;

(2)配合驻地监理处做好现场工程量确认工作;

(3)根据合同文件规定,按时上报计量申请文件;

(4)计量款到位后及时兑付,做到专款专用并应优先支付务工人员工资;

(5)及时做好相关台账登记、资料归档工作。

4.1.8　施工、监理单位不得用隐瞒及以其他不适当的手段来影响计量支付工作的正常开展。严格禁止以下行为:

(1)不按设计要求和合同规定对合格工程正确计量,高估冒算、不按实际工程进度计量、不按合同单价计价、不按规定期限办理工程计量支付;

(2)计量支付文件有虚报、故意多报计量工程数量及同一工程实体重复报送计量等欺骗行为;

(3)不核实检查计量数量,导致出现多计、超计及重复计量等现象。

4.1.9　从事计量支付的人员应认真贯彻执行有关工程建设的法律、法规和规定,恪守职业道德,按合同规定计量支付,廉洁自律,努力工作,勇于抵制各种违法、违纪行为。

4.2　工程计量

4.2.1　一般规定

(1)一切需计量的青岛公路基建项目,必须按规定频率进行现场检测、符合公路工程质量检验评定标准和合同、安全规定,已通过中间交工验收。

计量不解除施工单位(承包人)应尽的任何合同义务,如计量对象存在质量缺陷,不免除施工单位(承包人)无偿修复的责任,市公路局有权扣回已计量支付的工程款项。

(2)工程的计量应以净值为准(合同及其技术规范对该部分工程计量办法另有规定的除外),既不能超计、也不要漏计,严格按合同、技术规范等相关规定的计量方法、范围、内容、单位、精度进行计量,并做到客观、公正、准确、及时。

合同工程量清单中未计入单价或总额的工程细目,视其包含在本合同其他细目的单价和总额中,不另行计量(变更设计除外);对施工单位(承包人)超出施工设计图纸(含变更设计图)范围和因自身原因造成返工的工程量,不予计量。

(3)工程计量支付资料必须准确、齐全、真实、有效,所有资料(包括原始资料)的计算与汇总,必须完整齐全、正确无误、价款明确,隐蔽工程应留存影像资料。对签认手续不完备、资料不齐全的不予计量。

(4)工程设计变更严格按程序审批,已批复的设计变更单独计量,未经批复的设计变更不予计量。设计变更批复后,应及时调整工程量偏差。

(5)工程计量原则上不得超过青岛市规定的阶段性限额上限。工程进度款和施工阶段监理费计量控制上限为:土建、房建、机电工程以应予计量总量的80%为工程进度款计量的控制上限;绿化工程以现场实际种植工程量的40%进行计量,满一个年生长周期并经交工验收植物栽植成活率符合规定后支付至有效合同额的60%;设计变更以批复的设计变更总额的60%为计量的控制上限。工程交工验收并已修复完善未完工程和缺陷工程、审计部门完成工程结算审计并出具审计报告后,土建、房建、机电工程施工单位(承包人)计量至审定值的95%,绿化工程施工单位(承包人)计量至审定值的85%,监理单位(监理人)监理费计量至审定值的90%。

招标文件另有规定的执行文件规定。

(6)工程计量金额(除最终结清外)以元为单位取整,材料预付款的计量以万元为单位(采用去尾法、小数点后第一位不四舍五入),设计变更需要重新组价的,其单价保留小数点后两位,第三位四舍五入。

(7)开工预付款的计量:在施工单位(承包人)已签订合同协议书、按规定提供开工预付款银行担保、主要设备进场后,可支付开工预付款。工程开工预付款金额按合同、投标书附录中明确的基数和比例计算。

(8)开工预付款的扣回:在工程进度款累计计量金额达到签约合同总价的30%时,开始按工程进度以固定比例(即每完成签约合同价的1%,扣回开工预付款的2%)分期从工程进度款中扣回,全部开工预付款在进度款计量累计金额达到签约合同价的80%时扣完。

(9)材料(设备)预付款的计量:材料预付款支付比例为所进场材料金额的70%,材料金额以购买材料发票金额为准,但累计支付材料设备预付款的金额不应超过合同剩余工程量,且材料设备的品种应与工程计划进度相匹配。在材料到达现场经监理工程师检验合格且存储良好,监理工程师认为材料、设备的存储方法符合要求后方可申报,申报时需提供购买材料的发票复印件,并经项目部和监理单位试验工程师签字确认。在预计完工前三个月,不再支付材料预付款。

材料(设备)预付款需填报材料(设备)预付款审批表,并报请市公路局同意、市交通运输委审批后方可申报。

(10)材料(设备)预付款的扣回:材料(设备)预付款支付后,应在下一期的工程进度款计量中扣回。

(11)施工单位(承包人)完成预先设定的计量单元内全部工程内容并通过中间交工验收后,进行工程进度款的计量。特殊情况下某一计量单元全部工程内容无法在短时间内完成的,可根据实际情况对该计量单元进行拆分调整。

(12)分次计量的工程每次计量须填"分次计量表",并附经驻地监理工程师签证的分项工程开工申请批复单、驻地监理处签认的中间交工证书(特殊大型混凝土工程混凝土7天龄期强度达到85%以上的,可附注明实际检测强度的代中间交工证书)等证明资料,该分项工程完工最后一次计量时,须附总监代表处、项目现场管理机构签认的中间交工证书。

(13)一般混凝土工程按28天龄期强度评定合格后方可计量,特殊大型混凝土工程在招标文件提前约定的前提下,可采取分次计量方式。

(14)分次计量的工程执行以下规定。

①土石方工程:当路基土石方工程进度款计量累计达到土石方分项工程应予计量的70%时暂停计量,剩余部分须在上路床按规定办理隐蔽工程中间交验手续后计量。

②预制构件预制完成经验收合格后按70%进行计量,剩余部分待安装完成后计量。在安装过程中因方法不当造成梁体质量问题的,应无条件扣除已计量部分。

③特殊大型混凝土工程混凝土7天龄期强度达到85%以上的可先行计量70%,28天龄期强度满足设计及规范要求后补充相应资料计量剩余部分,否则对已计量金额在本期中扣回。

(15)质量保证金的扣回:质量保证金从第一次工程进度款计量中按本期完成产值的10%扣除,直至已扣除保留金总额达到招标文件规定金额,质量保证金的计算额度不包括预付款的支付及扣回的金额。

(16)工程进度款应满足最低计量金额后方可计量,月工程进度款小于最低计量金额时,应顺延至下月直至满足最低计量金额为止(特殊情况下经市局批准可适当降低最低计量金额)。

①合同金额小于2000万元的项目工程进度款计量最低金额为合同价的10%；

②合同金额2000万~5000万元的项目工程进度款计量最低金额为300万元；

③合同金额5000万元以上的项目工程进度款计量最低金额为500万元。

(17)施工准备阶段监理费(动员预付款)计量:监理单位(监理人)已签订合同协议书、单项工程补充协议(如有)、按规定提供预付款银行担保、主要人员和试验设备进场后,可支付动员预付款。动员预付款金额按合同、投标书附录中明确的基数和比例计算。

(18)动员预付款的扣回:在工程监理费累计计量金额达到合同金额的30%时,开始按工程进度以固定比例(即每完成签约合同价的1%,扣回开工预付款的2%)分期从期中支付中扣回,全部动员预付款在期中支付证书累计金额达到签约合同价的80%时扣完。

(19)施工阶段监理费计量:监理服务费按照当期完成的施工工程进度款、招标文件中约定的取费费率进行计算。

(20)缺陷责任期监理服务费的扣回:自第一期计量开始,在每期计量的监理费中扣留10%作为缺陷责任期监理服务费,直至已扣除总额达到招标文件规定金额,缺陷责任期监理服务费的计算额度不包括动员预付款的支付及扣回的金额。

(21)交工结算计量:工程交工验收并已修复完善未完工程和缺陷工程、审计部门完成工程结算审计并出具审计报告后,进行交工结算计量。交工结算计量时应进行清量变更,即按审计报告审定意见对合同工程量清单、已批复的全部工程设计变更和各期计量进行清理调整,对未实施的工程量办理减量变更,以使最终的变更后合同净价与审计报告审定的最终的计量总价相等。

(22)最终结清计量:剩余工程款在缺陷责任期满(绿化工程为种植保活期)或竣工验收后最终结清计量至审计报告审定值。

(23)工程计量周期为一个月,计量截止日为当月20日,即计量内容为上月21日至本月20日已完成的符合计量规定的工作量,特殊情况下市公路局可适当缩短计量周期,但每月最多不能超过两期。

(24)监理单位(监理人)的监理服务费与施工单位(承包人)的工程进度款应同期申请,如监理单位(监理人)当期未申请相应合同段的监理服务费,则视为放弃本标段本期计量申请权,本月完成工程量相对应的监理服务费顺延至该合同段下期申请。

(25)竣(交)工试验检测费、第三方试验检测费、审计(审核)费、评估等工程其他费用属于建设单位管理费范围的,按合同约定办理资金支付手续;在批复"工程概算汇总表"中有独立费用名称的,由费用发生方单独申请。

4.2.2 工程计量准备

(1)施工图纸会审

①在施工准备阶段,项目现场管理机构应组织设计、施工、监理单位对原始基准点、基准线和基准高程进行复测,并对施工图纸设计内容进行会审。

②原始基准点、基准线和基准高程的复测工作由施工单位（承包人）组织，监理单位（监理人）对复测结果进行审核和平行复测。

③施工、监理单位共同对专业图之间、专业图内各图之间、图与表之间的规格、型号、材质、数量等重要数据以及方位、坐标、高程的“错、漏、碰、缺”现象进行复核。

④施工单位（承包人）进行工程量清单分解，将施工图纸中的所有设计工程量按照计价规则分类计算、统计到相应的工程量清单子目下，并将汇总结果与已标价工程量清单数量比对，如有偏差则形成工程量偏差文件。监理单位对上述工作复核确认。

⑤施工图纸会审结果应形成书面澄清文件，并由设计单位对澄清文件进行书面答疑确认。高程复测结果与施工图纸出现较大偏差时，设计单位在书面答疑确认前应对复测结果进行现场复核。

（2）0 号变更

①设计单位根据施工图纸会审结果及答疑提出 0 号变更意向，经施工、监理单位、项目现场管理机构三方逐级复核确认后（作为项目法人的分局应对 0 号变更意向复核），按照设计变更程序报市局审批。

②设计单位在 0 号变更意向确认后及时调整施工图设计文件、工程量清单，并将调整后的施工图设计文件及调整后的工程量清单重新提交市局、相关分局、项目现场管理机构、施工及监理单位，作为项目施工的依据。

③施工单位（承包人）依据 0 号变更批复后的施工图设计文件以及施工期间批复的设计变更，及时调整编报工程量偏差文件（附应予计量的工程量清单明细表），由监理单位（监理人）逐级审核后报项目现场管理机构审批，审批文件报市局基建处备案。分局项目法人的建设项目，其现场管理机构审核后报分局审批，审批文件报备市局。

市局按规定将审批后的工程量偏差文件报备实交通运输委。

批复后的工程量偏差、应予计量工程量即为工程进度款计量的控制上限，最终工程结算以上级审计部门出具的审计报告为结算依据。

（3）计量单元划分

①按照《公路工程质量检验评定标准　第 2 册　土建工程》（JTG F80/1—2004）附录 A 对中标合同段划分单位工程、分部工程、分项工程，将单位工程按结构部位、路段长度及施工特点或施工任务划分为若干分部工程，逐个将分部工程按不同施工方法、材料、工序及路段长度划分为若干分项工程。

原则上，分项工程相对应的施工段落作业周期应是一个月或一个月的倍数以便于后期的计量支付。路基路面施工段落长度按 1 ~ 3km 划分，涵洞及通道工程施工段落可以按相应路基施工段落进行划分，也可以逐座划分，桥梁工程施工段落可以按整座或逐跨划分，其他工程施工段落根据施工能力和施工计划合理划分。

施工单位（承包人）完成单位工程、分部工程、分项工程划分后报监理单位审批。

②单位工程、分部工程、分项工程批复后，施工单位按照市局《开工准备管理办法》相关规定编制施工组织设计。施工组织设计在施工单位上报前应组织论证，对新建一级以

上等级的公路工程、大型以上桥梁工程、隧道工程以及技术难度高或复杂的改建工程,应当组织专家论证。

每个分项工程即为一个作业单元,施工组织设计中的总体进度计划、年度及月度进度计划要按照批复的分项工程(作业单元)逐个进行拆分细化,施工方案、施工配置、保障措施等要与分项工程施工进度计划相配套。

③每个分项工程即作业单元应根据规则提前编制中间交工证书编号,监理单位、项目现场管理机构复核。

④每个作业单元对应的所有工程内容的应计工程量作为一个计量单元,每个作业单元应进行二次工程量清单分解,将该作业单元下所有设计工程量按照计价规则分类计算、统计到相应的工程量清单子目下。所有作业单元工程量分解后的合计工程量应与批复调整后的应予计量工程量相一致。

⑤计量单元确定后,施工单位填报计量单元划分表,监理单位、项目现场管理机构审核无误后导入青岛公路基建项目管理平台,同时完善《项目管理平台》项目基本信息。

⑥发生设计变更的,原则上应对设计变更涉及的计量单元调整拆分为两个计量单元,相对应的计量单元扣除设计变更后作为新的计量单元,设计变更部分作为独立的计量单元。调整后的新的计量单元按照本指南要求,重新进行工程量清单分解、审核上报、"项目管理平台"备案。

如对原计量单元不进行拆分的,该计量单元应按照设计变更计量支付相关规定进行计量,但仍需重新履行计量单元确认的相关程序。

4.2.3 工程计量文件

(1)一般要求。

①工程计量申请文件由红头文及其附件组成。红头文及其附件资料中的项目名称、单位名称均应填写全称、前后一致。所有报表一律不得手工填写,应全部通过"项目管理平台"打印并签字完善(特殊情况下,经市局主管部门同意可以采用其他系统打印),签名不应艺术化,应清晰可辨。

②工程计量申请文件应明确本期申请金额、累计申请金额及其占合同价(或审定值)的比例、累计确认金额及其占合同价(审定值)的比例、累计支付金额及其占合同价(审定值)的比例、联系人及联系电话。

③附件应单独装订成册,各种复印件必须清晰、整洁,建议采用双面复印。

(2)开工预付款申请文件附件应包括"开工预付款申请表"、基础性资料。

基础性资料单独装订成册,包括施工单位(承包人)中标通知书、工程量清单(工程材料清单)及合同文件副本、投标书附录、工程量偏差批复、履约保函、预付款保函、工程进度用款计划表、0 号变更批复、工程量偏差批复等。

(3)材料(设备)预付款申请文件附件应包括"材料(设备)预付款审批表"、"材料(设备)预付款支付申请单"、材料(设备)采购付款收据复印件、现场材料(设备)验收签证单等。

(4)工程进度款申请文件附件应包括“工程进度款支付报表”、相对应的中间交工证书、图纸、工程变更批复文件(若有),须进行第三方检测的工程计量应当提供第三方检测合格的证明资料、如无损检测报告等。

(5)监理单位(监理人)动员预付款申请文件附件应包括“监理单位动员预付款申请表”、基础性资料。

基础性资料单独装订成册,包括监理单位中标通知书监理服务合同、履约保函、预付款保函等。

(6)施工阶段监理服务费申请文件附件应包括监理服务费支付报表、相应施工标段的“工程进度款支付月报表”。

(7)交工结算计量申请文件附件应包括“交工结算支付申请表”、交工验收报告、工程结(决)算审计报告、工程支付台账。

(8)最终结清计量申请文件附件应包括“清算支付申请表”、工程结(决)算审计报告、缺陷责任期终止证书或竣工验收报告、工程支付台账。

(9)竣(交)工试验检测费、第三方试验检测费、审计(审核)费、评估等工程其他费用申请文件应包括相应合同、补充协议、项目概算批复文件。

4.2.4　工程计量审核

(1)市局、分局(项目法人)及其现场管理机构和监理工程师有权对在计量签认过程中发现的错、漏现象或重复计量要求施工单位进行修正,且如施工单位不能在工程计量规定时限前完成,则本期不予计量。

(2)市局、分局(项目法人)及其现场管理机构和监理工程师有权对以前签认过的计量支付报表中发现的错、漏现象或重复进行修正,施工单位(承包人)有义务和责任进行更改或修正,经三方复核确认后,将增加或扣减的金额纳入下期计量。

(3)施工、监理单位在“项目管理平台”填报工程款计量申请后,监理单位网上审核上报,项目现场管理机构网上审核上报,市局审核无误后网上同意计量,其中分局作为项目法人的基建项目须由分局审核无误后上报市局。

(4)施工、监理单位工程款计量申请通过网上审核后,在线打印“工程进度款支付月报表”等相关表格。

(5)计量申请通过网上审核、打印附表、签字确认后,计量申请单位以申请文形式逐级审核上报。

4.3　工程支付

(1)市交通运输委批复计量款后,项目法人或其项目现场管理机构应及时通知相关单位在5个工作日内按规定开具票据,并按规定程序及时办理拨款手续。

(2)当施工、监理单位有违约行为或因其原因造成社会不良影响事件发生时,市局有权暂缓支付。

(3)施工、监理单位工程款到位后应存放专用账户并及时兑付,不得截留、挪作他用或转列本项目账户以外的其他账号。

(4)安全生产费应设立专用账户或科目并编制年度安全费用提取和使用计划,按照国家、部相关规定及时提取和使用。另外,总承包单位应及时向分包单位支付必要的安全生产费用,分包单位安全生产费用使用和管理应符合相关规定。

(5)市局、分局(项目法人)或及其有关部门有权对施工、监理单位工程款的使用情况进行督察,施工、监理单位应做好督察配合工作,如发现违规使用的责令其限期整改,整改不及时的市局有权暂缓其工程计量支付,并对其信用评价进行相应的扣分调整。

4.4 台账管理

(1)项目法人及其现场管理机构、施工及监理单位应及时建立工程支付台账,施工、监理单位还应建立工程计量台账、工程设计变更计量台账。

(2)工程计量台账以批复的分部分项工程为单位,按工程量清单编号顺序建账,依次登记工程量计量情况。

(3)工程设计变更计量台账按批复的工程设计变更内容、工程量清单编号顺序建账,在施工过程中每变更一次或每计量支付变更内容一次,对台账修订一次。

(4)工程支付台账:应按资金申请单位、计量申请顺序建账,准确反映每期计量支付申请金额及申请文号、确认金额及文号、支付金额及文号、时间。

(5)台账应采用计算机管理,及时统计、及时修订,项目法人、项目现场管理机构、监理单位应定期或不定期进行台账审查和监督,对发现的错误及时予以纠正。

附录

附录 1

清单分解表示例

子目号	子目名称	单位	清单工程量	桩 号 部 位	图纸数量	计算公式	图号	备注
300 章								
304-3	水泥稳定碎石基层							
304-3-a	厚 180mm	m^2	5000	K× + × × × ~K× + × × ×				
				K× + × × × ~K× + × × ×				
				—				
				小计				
400 章								
403-1	基础钢筋							
403-1-a	光圆钢筋	kg	× ×	0-0-a 桩				
				0-0-b 桩				
				0-1-a 桩				
				—				
				小计				
403-1-b	带肋钢筋	kg	× ×	0-0-a 桩				
				0-0-b 桩				
				0-1-a 桩				
				—				
				小计				

附录 2

青岛公路基建项目
应予计量的工程量清单明细表

项目名称：　　　　　　　　　　　　　　　　　　　　　　工程标段：

施工单位：　　　　　　　　　　　　　　　　　　　　　　监理单位：

子目编号	子 目 名 称	单位	单价	合同数量	合同金额	0 号变更批复数量	工程量偏差	应予计量数量	应予计量金额	备 注

附录3

计量单元划分表示例

<table>
<tr><th>一级</th><th>二级</th><th>三级</th><th>四级</th><th>桩号和部位</th><th>清单编号</th><th>数量</th><th>详 细 桩 号</th><th>计算公式</th><th>分项工程名称及中间交工证书编号</th></tr>
<tr><td rowspan="14">300章</td><td rowspan="14">路面</td><td rowspan="8">水泥稳定碎石底基层</td><td rowspan="8">厚180mm</td><td rowspan="5">K0+000~K3+000
主路</td><td>202-2-b</td><td></td><td>K0+000~K3+000
挖除沥青路面</td><td></td><td rowspan="5"></td></tr>
<tr><td>203-1-a</td><td></td><td>K0+000~K1+000
挖土方</td><td></td></tr>
<tr><td>304-3-a</td><td>×××</td><td>K0+000~K0+147
左幅底基层</td><td></td></tr>
<tr><td>304-3-a</td><td></td><td>K0+598~K3+000
左幅底基层</td><td></td></tr>
<tr><td></td><td></td><td>—</td><td></td></tr>
<tr><td rowspan="3">K0+000~K3+000
路口</td><td>202-2-b</td><td></td><td>K0+000~K3+000
挖除沥青路面</td><td></td><td rowspan="3"></td></tr>
<tr><td>203-1-a</td><td></td><td>K0+000~K1+000
挖土方</td><td></td></tr>
<tr><td>304-3-a</td><td>×××</td><td>K0+000~K0+147
左幅下基层</td><td></td></tr>
<tr><td rowspan="4">细粒式沥青混凝土</td><td rowspan="3">厚40mm</td><td rowspan="3">K0+000~K3+000</td><td>309-1-a</td><td></td><td></td><td></td><td rowspan="3"></td></tr>
<tr><td>313-5-a</td><td></td><td>路缘石</td><td></td></tr>
<tr><td>604-5-a-2</td><td></td><td>标志标线</td><td></td></tr>
<tr><td></td><td></td><td></td><td></td><td></td><td></td><td></td></tr>
<tr><td rowspan="10">400章</td><td rowspan="10">×××大桥</td><td rowspan="10">基础</td><td rowspan="10"></td><td rowspan="10">0号台左幅</td><td rowspan="6">403-1-a</td><td rowspan="6">26448</td><td>0-0-a 桩</td><td>267.99×0.617</td><td rowspan="10"></td></tr>
<tr><td>0-0-b 桩</td><td>267.99×0.617</td></tr>
<tr><td>0-1-a 桩</td><td>267.99×0.617</td></tr>
<tr><td>0-1-b 桩</td><td>267.99×0.617</td></tr>
<tr><td>0-2-a 桩</td><td>267.99×0.617</td></tr>
<tr><td>×××</td><td></td></tr>
<tr><td rowspan="2">403-1-b</td><td rowspan="2">987.2</td><td>××××</td><td></td></tr>
<tr><td></td><td></td></tr>
<tr><td rowspan="2">405-1-a</td><td rowspan="2">9</td><td>××××</td><td></td></tr>
<tr><td></td><td></td></tr>
</table>

附录 4

青岛公路基建项目
工程进度用款计划表

项目名称：　　　　　　　　　　　　　　　　　　　　工程标段：

施工单位：　　　　　　　　　　　　　　　　　　　　填报时间：

序号	用款科目	合同金额（万元）	用款计划（万元）														
			14 / 3	4	5	6	7	8	9	10	11	12	15 / 1	2	3	4	小计
（一）	开工预付款																
（二）	进度款计划																
1	第 100 章　总则																
2	第 200 章　路基																
3	第 300 章　路面																
4	第 400 章　桥梁、涵洞																
5	第 500 章　隧道																
6	第 600 章　设施及预埋管线																
7	第 700 章　绿化及环境保护																
合　计																	

项目经理：	驻地监理处审查意见：	总监代表处审查意见：	项目现场管理机构审查意见：
（签字） （单位盖章）	（签字） （单位盖章）	（签字） （单位盖章）	（签字） （单位盖章）

备注：根据填报单位实际需要可对本表增减用款科目及时间。

附录 5

青岛公路基建项目
开工预付款申请表

工程名称：　　　　　　　　　　　　　　　　　　　　　　　　　工程标段：

施工单位：

施工合同	合同金额(元)	
	其中第 100 章至 800 章合计(元)	
履约保函	担保银行	
	担保金额(元)	
	保函到期日	
开工预付款	预付款比例	
	预付款计算公式	
	预付款金额(元)	
预付款保函	担保银行	
	担保金额(元)	
	保函到期日	
附件资料目录	基础性资料	

项目经理：　　　　　　　　　　　　（单位盖章）　　　　　　　　日　　期：

附录 6

青岛公路基建项目
材料(设备)预付款审批表

<table>
<tr><td>项目名称</td><td colspan="3"></td></tr>
<tr><td>申请单位</td><td></td><td>工程标段</td><td></td></tr>
<tr><td>合同金额</td><td></td><td>开工时间</td><td></td></tr>
<tr><td>合同工期</td><td></td><td>本次申请</td><td></td></tr>
<tr><td>申请理由</td><td colspan="3"></td></tr>
<tr><td>驻地监理处审查意见</td><td colspan="3">驻地监理工程师签字：　　（单位盖章）　　年　月　日</td></tr>
<tr><td>总监代表处审查意见</td><td colspan="3">总监理工程师签字：　　（单位盖章）　　年　月　日</td></tr>
<tr><td>项目现场管理机构审查意见</td><td colspan="3">签字：　　（项目现场管理机构盖章）　　年　月　日</td></tr>
<tr><td>市公路管理局审查意见</td><td colspan="3">签字：　　（审查部门盖章）　　年　月　日</td></tr>
<tr><td>市交通运输委审批意见</td><td colspan="3">签字：　　（审查部门盖章）　　年　月　日</td></tr>
</table>

附录 7

青岛公路基建项目
材料(设备)预付款支付申请单

工程名称:　　　　　　　　工程标段:　　　　　　　　编号:(期数-页码)

<table>
<tr><td>施工单位:</td><td rowspan="2">用途:</td></tr>
<tr><td>监理单位:</td></tr>
<tr><td colspan="2">下列材料(设备)已采购,申请支付材料(设备)预付款:</td></tr>
<tr><td colspan="2">各种材料(设备)名称、单价、规格、单位、数量、金额、产地、存放地点见后附表,并附材料(设备)采购付款收据复印件、现场材料(设备)验收签证单等材料。

施工单位检查结果:

申请支付材料(设备)预付款金额:　　　　　元

施工单位:　　(签字)　　　　　　　　(单位盖章)

发出日期:　年　月　日</td></tr>
<tr><td colspan="2">监理工程师意见:

(监理情况说明及需要采取的措施)

以上材料(设备)不能接受

同意支付以上预付款

项目工程师:
计量工程师:

(单位盖章)

发还施工单位日期:　　　　年　　月　　日</td></tr>
</table>

附录 8

青岛公路基建项目

××××工程

第×合同段

工程进度款支付报表

第×期

施工单位：
驻 地 办：
总 监 办：
编制日期：　　　　　　　年　　月

目　　录

青岛公路基建项目
工程进度款支付证书

支表 1

工程名称： 编号：(标段-期数)

根据合同规定，经审核，同意支付＿（施工单位名称）＿第××期工程款（大写）＿＿＿元（小写：＿＿＿元），累计支付工程款＿＿＿万元（占合同金额的＿＿%）。

清单号	项目名称	合同金额（元）	到本期末完成		本期完成	
			金额（元）	占合同价（%）	金额（元）	占合同价（%）
100 章	总则					
200 章	路基工程					
300 章	路面工程					
400 章	桥梁、涵洞工程					
500 章	隧道工程					
600 章	安全设施及预埋管线工程					
700 章	绿化及环境保护工程					
不可预见费						
小计						
工程变更						
合计						
开工预付款						
扣回开工预付款						
材料预付款						
扣回材料预付款						
保留金						
工程考核奖罚金						
实际支付						

驻地监理工程师：	总监理工程师：
（单位盖章）	（单位盖章）
日期：	日期：

青岛公路基建项目

工程进度款申请表

支表 2

工程名称：　　　　　　　　　　　　　　　　　　　　编号：(标段-期数)

截至_____年___月，我方已完成下列工作，根据合同规定，现申请支付第××期工程款(大写)______________________(小写：__________)，累计申请工程款__________万元(占合同金额的____%)。

项目经理：

(单位盖章)

日　　期：

清单号	项 目 名 称	合同金额（元）	到本期末完成		本期完成	
			金额(元)	占合同价(%)	金额(元)	占合同价(%)
100 章	总则					
200 章	路基工程					
300 章	路面工程					
400 章	桥梁、涵洞工程					
500 章	隧道工程					
600 章	安全设施及预埋管线工程					
700 章	绿化及环境保护工程					
不可预见费						
小计						
工程变更						
合计						
开工预付款						
扣回开工预付款						
材料预付款						
扣回材料预付款						
保留金						
工程考核奖罚金						
实际支付						

青岛公路基建项目
工程进度款支付月报表

支表 3

工程名称：

工程标段：　　　　　　　　　　　　　　　　　　施工单位：

监理单位：　　　　　　截止日期：　　　　　　　编号：(标段-期数)

清单号	项 目 名 称	合同价（元）	到本期末完成		到上期末完成		本期完成	
			金额(元)	占合同价(%)	金额(元)	占合同价(%)	金额(元)	占合同价(%)
100 章	总则							
200 章	路基工程							
300 章	路面工程							
400 章	桥梁、涵洞工程							
500 章	隧道工程							
600 章	安全设施及预埋管线工程							
700 章	绿化及环境保护工程							
不可预见费								
小计								
工程变更								
合计								
开工预付款								
扣回开工预付款								
材料预付款								
扣回材料预付款								
保留金								
工程考核奖罚金								
实际支付								

项目经理：　　　　　　计量工程师：　　　　　　驻地监理工程师：

青岛公路基建项目

工程进度款计量支付汇总表　　支表4

工程名称：

施工单位：　　截止日期：　　工程标段：

监理单位：　　编号：(标段-期数)

清单号	项目名称	单位	单价（元）	工程数量		到本期末完成		到上期末完成		本期完成	
				清单数量	应予计量数量	数量	金额（元）	数量	金额（元）	数量	金额（元）
本页小计											
本章合计											

项目经理：　　计量工程师：　　驻地监理工程师：

青岛公路基建项目

设计变更支付报表

支表 5

工程名称：

施工单位：　　　　　　　　　　　　　　　　　　　　　　工程标段：

监理单位：　　　　　　截止日期：　　　　　　　　　　　编号：（标段-期数）

清单号	项目名称	变 更 内 容	单位	单价（元）	清单数量	变更数量	变更工程量支付情况						批准文号（变更令编号）
							到本期末完成		到上期末完成		本期完成		
							数量	金额（元）	数量	金额（元）	数量	金额（元）	
本页小计													
本章合计													

项目经理：　　　　　　　　计量工程师：　　　　　　　　驻地监理工程师：

青岛公路基建项目

开工预付款支付与扣回一览表

支表 6

工程名称：

施工单位：　　　　　　　　　　　　　　　　　　　　　　　工程标段：

监理单位：　　　　　　　　截止日期：　　　　　　　　　　编号：(标段-期数)

<table>
<tr><td colspan="3">A：签约合同价(元)：</td><td>B：支表 1“合计”栏到本期末完成金额(元)：</td></tr>
<tr><td colspan="3">C：开工预付款起扣金额(元)：</td><td>当 B > C 时开始扣回开工预付款</td></tr>
<tr><td colspan="3"></td><td></td></tr>
<tr><td colspan="3">工程进度情况</td><td>本期开工预付款扣回比例</td></tr>
<tr><td>本期完成占签约合同价比例</td><td colspan="2"></td><td rowspan="3"></td></tr>
<tr><td>上期末累计完成占签约合同价比例</td><td colspan="2"></td></tr>
<tr><td>本期末累计完成占签约合同价比例</td><td colspan="2"></td></tr>
<tr><td></td><td colspan="2"></td><td></td></tr>
<tr><td>已支付开工预付款金额(元)</td><td></td><td>占开工预付款的比例(%)</td><td>备　注</td></tr>
<tr><td>到上期末累计扣回开工预付款(元)</td><td></td><td></td><td rowspan="3">开工预付款在工程进度款累计计量金额达到签约合同总价的 30% 时，开始按工程进度以固定比例(即每完成签约合同价的 1%，扣回开工预付款的 2%)分期从期中支付中扣回，全部金额在期中支付证书累计金额达到签约合同价的 80% 时扣完。</td></tr>
<tr><td>本期扣回开工预付款(元)</td><td></td><td></td></tr>
<tr><td>到本期末累计扣回开工预付款(元)</td><td></td><td></td></tr>
</table>

项目经理：　　　　　　　　计量工程师：　　　　　　　　驻地监理工程师：

青岛公路基建项目
材料预付款计量支付与扣回一览表

支表 7

工程名称：

施工单位：　　　　　　　　　　　　　　　　　　　　　　工程标段：

监理单位：　　　　　　截止日期：　　　　　　　　　　　编号：（标段-期数）

时间		材料预付款计量情况（万元）																								合计（万元）	
		2013							2014													2015					
		6	7	8	9	10	11	12	1	2	3	4	5	6	7	8	9	10	11	12	1	2	3	4	5		
																										0	
材料预付款分月扣回情况（万元）																										每月扣回合计（万元）	月实际支付
2013	6																										
	7																										
	8																										
	9																										
	10																										
	11																										
	12																										

续上表

		材料预付款分月扣回情况(万元)																								每月扣回合计(万元)	月实际支付
2014	1																										
	2																										
	3																										
	4																										
	5																										
	6																										
	7																										
	8																										
	9																										
	10																										
	11																										
	12																										
2015	1																										
	2																										
	3																										
	4																										
	5																										
累计																											

项目经理：　　　　计量工程师：　　　　驻地监理工程师：

青岛公路基建项目
工程进度款计量支付明细表

支表 8

工程名称：　　　　　　　　　　　　　　　　　　　　　　　工程标段：
施工单位：　　　　　　　　　　　　　　　　　　　　　　　编号：(标段-期数)
监理单位：　　　　　　　　　　　　　　　　　　　　　　　截止日期：

清单号	项目名称	部位或桩号	确认单编号	单位	数量	中间交工 证书编号

项目经理：　　　　　　　　　　计量工程师：　　　　　　　　　　驻地监理工程师：

青岛公路基建项目

分次计量表

支表 9

工程名称：　　　　　　　　　　　　　　　　　　工程标段：

施工单位：　　　　　　　　　　　　　　　　　　编号：(标段-期数)

监理单位：　　　　　　　　　　　　　　　　　　截止日期：

清单号		工程细目名称	
地点(桩号)		部位	
计量单位		本次计量数量	
该分部(分项)工程累计计量数量		该分部(分项)工程剩余未计量数量	
计算及说明：			
附件： 工程量确认单或分项工程开工申请批复单、工序检查记录等			

项目经理：　　　　　　　　　　计量工程师：　　　　　　　　　　驻地监理工程师：

青岛公路基建项目
工程量确认单

支表10

工程名称：

施工单位：　　　　　　　　　　　　　　　　　　　工程标段：

监理单位：　　　　　　　　　　　　　　　　　　　编号：

清单号		细目名称	
单位		部位或桩号	
工程数量		所属分部（分项）工程名称	
所属分部（分项）工程总量		所属分部（分项）工程累计确认工程量	
下列工程已经完成，请监理工程师验收： 计算过程（附件插入计算书及简图） 施工单位检查结果：资料齐全、数据准确，符合规范要求。 施工单位： 年　月　日			
监理工程师意见： 资料齐全、数据准确，符合规范要求，同意计量。 同意计量以上工程 项目工程师： 计量工程师： 年　月　日			
变更说明：			

注：编号采用"路线编号或工程名称简写＋合同段号＋QR＋×××"，如"省道397上里路胶州营海路面改建工程"确认单起始编号为397QR001；"2012年青岛市（即墨、胶南）国省道公路危桥改造工程一合同段"确认单起始编号为WQGZ01QR001。

附录 9

青岛公路基建项目
监理单位动员预付款申请表

工程名称：　　　　　　　　　　　　　　　　　　　　　　　　　　工程标段：
监理单位：

合同情况	合同金额(元)	
	其中施工阶段监理服务费(元)	
履约保函	担保银行	
	担保金额(元)	
	保函到期日	
开工预付款	预付款比例	
	预付款计算公式	
	预付款金额(元)	
预付款保函	担保银行	
	担保金额(元)	
	保函到期日	
附件资料目录	基础性资料	

驻地监理工程师/总监理工程师：　　　　　　（单位盖章）　　　　　日期：

附录 10

青岛公路基建项目
监理服务费支付报表

项目名称：

施工单位：　　　　　　　　　　　　　　　　　　　　　　工程标段：第×监理处

监理单位：　　　　　　　　　　　　　　　　　　　　　　编号：第×期

<table>
<tr><td rowspan="3">工程进度款</td><td colspan="2" rowspan="2">项目
金额（元）
细目</td><td rowspan="2">合同金额（元）</td><td colspan="2">本期末累计完成进度款</td><td colspan="2">上期末累计完成进度款</td><td colspan="2">本期完成进度款</td><td rowspan="2">备注</td></tr>
<tr><td>金额（元）</td><td>比例（%）</td><td>金额（元）</td><td>比例（%）</td><td>金额（元）</td><td>比例（%）</td></tr>
<tr><td colspan="2">第×标段第100章至700章清单合计</td><td></td><td></td><td></td><td></td><td></td><td></td><td></td><td>附支表3</td></tr>
<tr><td colspan="11"></td></tr>
<tr><td rowspan="7">监理服务费</td><td rowspan="2">序号</td><td colspan="2">项目</td><td colspan="2">本期末累计支付</td><td colspan="2">上期末累计支付</td><td colspan="2">本期支付</td><td rowspan="2">备注</td></tr>
<tr><td></td><td>合同金额（元）</td><td>金额（元）</td><td>占总额（%）</td><td>金额（元）</td><td>占总额（%）</td><td>金额（元）</td><td>占总额（%）</td></tr>
<tr><td>1</td><td>监理服务费总额</td><td></td><td></td><td></td><td></td><td></td><td></td><td></td><td></td></tr>
<tr><td>2</td><td>缺陷责任期监理服务费</td><td></td><td></td><td></td><td></td><td></td><td></td><td></td><td></td></tr>
<tr><td>3</td><td>动员预付款</td><td></td><td></td><td></td><td></td><td></td><td></td><td></td><td></td></tr>
<tr><td>4</td><td colspan="2">扣回动员预付款</td><td></td><td></td><td></td><td></td><td></td><td></td><td></td></tr>
<tr><td>5</td><td colspan="2">实际支付</td><td></td><td></td><td></td><td></td><td></td><td></td><td></td></tr>
</table>

制表：　　　　　　驻地工程师：　　　　　　总监理工程师：　　　　　　编制日期：

附录 11

青岛公路基建项目
交工结算/清算支付申请表

工程名称：

施工单位/监理单位：　　　　　　　　　　　　　　　　工程标段：

审定金额（元）			
已累计确认计量（元）		占审定值的比例	
已累计支付金额（元）		占审定值的比例	
缺陷责任期质保金（元）		占审定值的比例	
交工结算（清算）支付金额（元）		占审定值的比例	
计算公式			
附件资料目录	交工支付申请：交工验收报告、工程结算审计报告、工程支付台账； 终期支付申请：工程结算审计报告、缺陷责任期终止证书或竣工验收报告、工程支付台账		

项目经理：　　　　　　　　（单位盖章）　　　　　　　　日　　期：

附录 12

工程计量台账

清单号	细目名称	单位	清单数量	工程量偏差	分部分项工程名称	分部分项工程量	累计计量	第一期申请	第二期申请	第三期申请	—
					小计	0	0	0	0	0	0
					小计	0	0	0	0	0	0
—											

附录 13

工程设计变更计量台账

清单号	细目名称	单位	变更数量合计	累计计量	第一期申请	第二期申请	—

附录 14

工程支付台账

项目名称	合计		累计申请		万元	累计确认		万元	累计支付		万元
	施工单位名称	合同价	累计申请		万元	累计确认		万元	累计支付		万元
			预付款请示		(申请文号+申请日期)	预付款确认		(确认文号)	第1次		(支付文号)
			第一期请示		(申请文号+申请日期)	第一期确认		(确认文号)	第2次		(支付文号)
			第二期请示		(申请文号+申请日期)	第二期确认		(确认文号)	第3次		(支付文号)
			—		—	—		—	—		—
	监理单位名称	合同价	累计申请		万元	累计确认		万元	累计支付		万元
	建设单位管理费	批复概算	累计申请		万元	累计确认		万元	累计支付		万元

参 考 文 献

[1] 中华人民共和国国家发展和改革委员会,等. 中华人民共和国标准施工招标文件(2007 年版)[M]. 北京:中国计划出版社,2008.

[2] 中华人民共和国交通运输部. 公路工程标准施工招标文件(2009 年版)[M]. 北京:人民交通出版社,2009.

[3] 湖南省交通运输厅. 公路工程工程量清单计量规则[M]. 北京:人民交通出版社,2010.

[4] 中华人民共和国行业标准. JTG G10—2016 公路工程施工监理规范[S]. 北京:人民交通出版社股份有限公司,2016.

[5] 中华人民共和国行业标准. JTG/T B06-02—2007 公路工程预算定额[S]. 北京:人民交通出版社,2007.

[6] 中华人民共和国行业标准. JTG/T B06—2007 公路工程基本建设项目概算预算编制办法[S]. 北京:人民交通出版社,2007.

[7] 中华人民共和国交通运输部. 公路工程竣(交)工验收办法[M]. 北京:人民交通出版社,2004.

[8] 中华人民共和国行业标准. JTG F80/1—2004 公路工程质量检验评定标准 第一册 土建工程[S]. 北京:人民交通出版社,2004.

[9] 中华人民共和国交通运输部. 公路工程国内招标文件范本(2007 年版)[M]. 北京:人民交通出版社,2007.